Вера Зубарева

Об ангелах и людях

Трактаты и поэмы

«СТЕКЛОГРАФ»
МОСКВА 2020

Книга издана при содействии
Фонда Русского Безрубежья

УДК 82-1
ББК 84(2)
391

Зубарева Вера

391 Об ангелах и людях. Трактаты и поэмы / Зубарева Вера; послесл.
И. Роднянской — М.: Стеклограф, 2020. — 120 с.

ISBN 978-0-9861106-5-8

I. ТРАКТАТЫ

В центре всех трёх Трактатов не философия и не богословие, а сознание современного человека, от лица которого всё это написано. Как интерпретировать это сознание — зависит от читателя.

«Трактат об ангелах» вышел отдельной книгой в переводе на английский и немецкий в Украине и Швейцарии. Оба издания включали графику Эрнста Неизвестного, который и стал крёстным отцом «Ангелов». Эрнст восторженно отнесся к «Трактату...» и предложил свои работы, сказав, что в то же самое время размышлял над сходными вещами в графике. (Подробности этой встречи описаны в моей книге «Ангел на ветке». ЭКСМО, 2019). Последнее издательство — Pano Verlog — до того специализировалось на классической русской литературе в переводах. «Ангелы» изменили направленность издательства, ставшего специализироваться на современной русской литературе. «Трактат об ангелах» получил много положительных отзывов в немецкой прессе, а также четыре диплома и приз на международной книжной ярмарке «Зелёная волна».

«Трактат об исходе» завершает эпопею с трактатами. Ибо добавить к этому больше нечего. Исход не случайно пишется в Трактате с маленькой буквы. Он проходит под лозунгом освобождения от всего, чем нагрузил верующее население Моисей на горе Синай. Это исход задом-наперёд. По сути, он начался ещё с «Трактата об ангелах». Но если в первом трактате мой герой был обуян концепцией развивающегося Бога (её автор — профессор Пенсильванского университета Арон Каценелинбойген (1927–2005) и в силу своего дарвинистского сознания перенёс её на ангелов, которых трактовал как первую неудачную попытку Бога сотворить существо разумное, то во втором трактате — «Об Обезьяне» — он отдал дань наиболее прогрессивным идеям, поставив природу выше Творца, а Обезьяну выше того, кто был создан по Его образу и подобию. В дополнение к послесловию Ирины Роднянской, публикуемому в настоящем издании, рекомендую обратить внимание на ее же вводную заметку, опубликованную вместе с трактатом («Новый Мир» 2013, № 10), где тема трактата сопоставлена с сатирическим стихотворением А.К. Толстого «Послание М. Н. Лонгинову о дарвинисме». Само собой, Обезьяна и подготовила исход.

ТРАКТАТ ОБ АНГЕЛАХ

Об ангелах,
Творениях неукоснительно послушных
И укоснительно непослушных,
Их месте во вселенной,
Об их строе и образе мышления,
О проблеме их размножения
И заселении небес
Путём создания
Искусственного ангельского
Интелллекта
Из человеческой души,
И о человеке:
Как ему удалось, не отведав с Древа Жизни,
Обрести бессмертие,
Ибо он был наделён творческими способностями
ТРАКТАТ
На соискание магистерской степени
В какой-нибудь области,
Написанный одним скромным учеником,
Пожелавшим не указывать своего имени

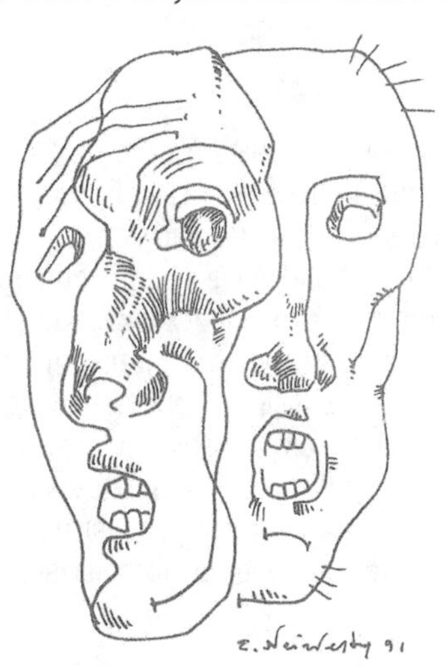

Часть I

1

Используя как лекало Зодиак,
Вывернутый звездами наружу,
Ангелы выкроили небо так,
Чтобы можно было сшить из него душу.
Ангелы не знают никаких забав
И полностью лишены фантазии,
В чем сразу же убеждаешься, попав
В их отлаженное однообразие.
Это портные, отрезающие грехи
Лежащим в примерочной их солярия.
С их легкой руки
Попадаешь в рай
Собственного левого полушария.
Ангелы не понимают движущей силы страстей.
Человеческие эмоции для них — атавизмы.
Попасть к ним —
Все равно что оказаться в нищете
После расточительной жизни.

2

Ангел — житель небесных пустот,
Куда не заносит нас жизненный опыт.
Из всех созданий он именно тот,
Чей приход прославляют, но не торопят.
Неизвестно еще, что происходит там,
Где тебя перекраивают по ангельским меркам.
Должно быть, ходишь за собственной душой по пятам,
Разрываемый между «низом» и «верхом».
Тогда-то и понимаешь, что, возможно, грех,
От которого тебя пытаются избавить,
И есть то, что выделяет одного из всех,

Как всплеск, будоражащий заводь.
А ангелов все равно никто до конца не разберет:
Как у них получается без наслаждения и муки
Воспроизводить свой ангельский род,
При помощи какой механической штуки?..

3

Ангел никогда не станет Богом,
Потому что ему не хватает таланта.
Но Бог защитил себя во многом,
Сделав своим посредником крылатого мутанта.
В ангеле ровно столько же амбиций
(Как свидетельствует история Царства Божьего),
Сколько в родственной ему птице,
Не летающей выше положенного.
Ангел ценится за исполнительские способности
И неумение преступать запреты.
Он сплошь состоит из совести,
А угрызения выпадают на человеческие субъекты.
Ангел поначалу кажется резче,
Чем на картинах, где его мягкость завысили.
У ангела очень развиты плечи,
И он движется со скоростью посмертной мысли

4

Вот уже летают первые мухи,
Куски солнца плавают в мокрой траве.
В мае ангелы, которые гнездились на юге,
Появляются, как грешные мысли в нашей голове.
Ангелы играют роль ингибиторов
В реактивной человеческой среде.
Они служат примером в период выборов,
Поскольку их не застукивали ни с кем и нигде.
Однако их поведение не пользуется популярностью.

Видно, Бог чего-то в них не учел.
А кроме того, ангелы отличаются полярностью —
У них не все так, как у пчел.
В них есть какое-то неприметное искривление,
Какой-то пустяк,
Какой-то намек на падение.
Так бывает в гостях
С ребенком, старающимся не смотреть на сладости.
Падший ангел — это тот, кто расслабился.
Но в чем не продумана ангельская порода,
Так это в том, что в ней больше, чем надо, завода,
Поэтому, переступая запретные барьеры,
Ангелы забывают о чувстве меры.
Ангел предрасположен к тому, чтоб стать падшим,
Как к воспламенению приспособлен факел.
Но это не должно быть осознано каждым,
Кто не есть чистокровный ангел.

5

Одно лишь можно сказать с определенностью:
Ангел — носитель инородной структуры.
Он предшествовал своей бытовой непригодностью
Сотворению человеческой натуры.
Ангел — не то, что более правильно,
В смысле совершенствования по воле случая,
Как следует из теории Дарвина,
Где последующая ветвь — это измененная предыдущая.
Если думать по этой вероломной схеме,
Получится, что Бог — от недоразвитого ангела,
А первичным будет падшее племя,
Которое природа переписывала набело.
На самом же деле ангел это ангел —
Летательное устройство с мыслящим отсеком.
И сколько бы раз он ни поднимался и ни падал,
Ему все равно не сделаться человеком.

Человека хоть высели из Эдема,
Хоть лиши его греховной плоти,
Он всегда сохранится как недоказанная теорема,
Как сущность, развивающая себя в перевороте.
Человеку не могут дать исчерпывающего определения
Философы, имеющие достаточно навыков.
Над ним бьются целые поколения
Разных по своей предназначенности ангелов.

6

Неспособность ангелов размножаться
Определяет их взаимоотношения с человеком.
Вся ангельская цивилизация
Работает над искусственным ангельским интеллектом.
С этой целью спроектировано чистилище,
Где душа резко теряет в весе,
Поскольку содержится без духовной пищи
И фильтруется в качестве неочищенной смеси.
То, что в конце концов остается,
Эта дистиллированная субстанция,
Движется в рай, где много солнца,
Чтоб как следует настояться.
Ангелы уже много чего открыли,
Как приспособить душу для своих стратегий.
Но к ней не приживаются консервированные крылья,
И она совершает побеги.

7

Падший ангел проявляет интерес к индивидуальности —
Ему ценен глаз, пока тот не вытек.
Он достигает высот в своей низкой специальности,
И ему может позавидовать любой психоаналитик.
Он знает, что страсть — это неутоленное любопытство,
Воображение, воспламеняющее в каждом актера,

Опухоль, которой надо развиться
До того, чтоб заклинить дыхательное горло.
Он сам пережил все эти фазы,
Сам летал, притворяясь стерильным,
Пока не пошли метастазы
По сереющим крыльям.
Но ангел лишен способности творчества.
В нем есть неразвивающаяся основа.
От того, что ему хочется или не хочется,
Он никогда не придумает нового.
Его конструкции, равно как интриги,
Суть ухищрения в рамках известного.
Человек же — это сплошные сдвиги,
Потому что он — от Отца Небесного.

8

Зачем Богу понадобилось высаживать Древо,
Требовать, чтоб Адам дал имя животным,
Если Адам был для вспашки и посева,
И все остальное шло как по нотам?
Но нет, что-то Господу не давало покоя.
Он, наверное, ни за что не желал смириться,
Что по Его образу и подобию вышло такое —
Покорное, глиняное, с согнутою поясницей.
Бог дал понять Адаму, что тот — хозяин,
И с волненьем следил за его развитьем.
Тщетно! Разделив животных по названьям,
Адам остался холоден и нелюбопытен.
Бог понимал, что терпит фиаско.
Но Божьи намеренья не могут не сбыться.
Бог решил, что Адаму нужна серьезная встряска,
И вытащил из него под наркозом центр любопытства.
Центр любопытства связан со щекоткой.
Больше всего щекотки — в ребрах.
Так появилась Ева с ее дугообразной походкой
И травинкой в губах припухлых и добрых.

9

Этот змей несчастный каждое утро встречал Адама
Одним и тем же предложением поесть на завтрак
Плод запретный вместо приторного банана.
Но Адам шел мимо, откинув свою мотыгу набок.
Такая работа Змею давно приелась.
Он знал, что с Адама не будет толку.
А тут как раз Ева обследовала окрестность
И болтала сама с собой без умолку.
У Евы не было никакой цели,
Ее не занимала прагматика жизни,
Она была воплощенное безделье,
И даже ангелы, глядя, застывали в укоризне.
«Эй, что там у тебя?» — спросила Ева у Змея,
Тыча в плод полированным ногтем.
Змей онемел, поверить не смея.
Эмоциями мы все себе портим!
Но Змей взял себя в руки тут же
(Пока их еще у него не отняли).
Он понял, что настал конец его рекрутской службе
И сорвал плод под восторженные вопли.
Жизнь брызнула соком на Евины руки,
И открылась ее опасность и красота.
А Змей сказал: «Лучше буду ползать на брюхе,
Чем стоять истуканом возле Твоего куста».

Часть II

1

Луна заштопана вдоль и поперек
Темными нитками на желтом теле.
И хотя ее постоянно реставрирует Бог,
Она сдувается каждые три недели.
С точки зрения человека, отшагавшего n с половиной версты

В сторону, противоположную от Эдема,
Луна создана исключительно для красоты,
Как для доказательства — теорема.
Ангела красотой не проберешь,
У него на все есть ангельская мерка.
Он знает, при каких условиях кто плох или хорош,
И на Суде выступает в роли клерка.
Человек как таковой для ангела не значим вообще —
Ангел не понимает диалектического пафоса жизни.
По здравому ангельскому клише
Параметр диалектичности — лишний.
Ангел потому так категорично перекраивает все на свой лад,
Что он не создал ни одного, даже плохонького, человека.
У ангелов нет теории, а только постулат.
Бог тоже не сразу, как следует из Ветхого Завета,
Пришел к пониманию ценности жизни вне догм,
Установленных им в качестве точки отсчета
Бытия за пределами рая. Но на то Он и Бог,
Чтоб отвергнуть впоследствии собственную идею Потопа.
Бог понял, что жизнь имеет особенный вес,
С ней нельзя расправляться, исходя из конкретных условий,
Будь то болото или кустарник, выросший наперерез,
Или создания из плоти и крови.

2

Ангелам снятся одинаковые сны.
Если исследовать ангела во время анабиоза,
Он видит треугольники, у которых все стороны равны.
(Что на белом — как трещины от мороза).
Ангелы обычно спят на спине,
Подкладывая крылья вместо матраца,
Чаще — поодиночке: из-за проблемы в ширине,
И потому что им запрещено смеяться.
Трудно объяснить, что для ангела сон —

Форма отдыха или исполненье приказа,
И отключается ли ангел от вверенных ему зон
Или все ж-таки бдит подопечных вполглаза.
Если же ангел всегда на посту,
То почему он не срабатывает мгновенно, как огнетушитель?
Ангел не умеет оценивать красоту
И не витает в облаках, хоть и небесный житель.

3

Загробная жизнь — это эстетизация смерти,
Как эстетизация бесплодного времени — лото.
Даже самые лютые черти
Лучше, чем пустое «ничто».
Так проецируется смысл существования
На бесконечость. Но отдельный индивид
Вряд ли сохраняет ясное сознание
В теченье бесконечности, почему и превращается в вид —
В человечество.
Ангелы выигрывают за счет идентичности:
Если ангел забылся на какой-нибудь век,
То по причине его невыдающейся личности
Он замещается одним из коллег.
Ангелы ведут скрытый образ жизни,
Если сравнивать их с людьми.
Об их строе можно сказать, как о коммунизме,
В который пытались загонять плетьми.
Ангел хоть и знает наизусть все правила
По вступлению в рай, хоть и вертит на пальце ключи,
Однако никто не предпочитает ни ангела,
Ни того, что в народе называют «почти».
Люди избегают прямого контакта
С ангелами на основании скрытого чутья.
Ангелу не хватает чувства такта,
И он может прервать вас на половине бытия.

4

Сотворение человека объясняется тем,
Что Бог стремился к многообразию,
О чем свидетельствует Эдем,
Занимавший современную Евразию.
Идентичность ангелов давила на Творца,
И он решил кое-что переделать.
Его замысел коснулся не только лица,
Но и того, что выделило женскую прелесть.
По мифу, Бог не хотел, чтоб Адам
Жил в одиночестве и предавался грусти.
Но Адам был всецело посвящен трудам
И понятья не имел о подобном чувстве.
Адам не знал, что он одинок,
Поскольку у него не было опыта совместной жизни,
И с женщинами, как известно, он развлекаться не мог.
В Еве нуждался не Адам, а Всевышний.

5

Ева была сделана не из того, что Адам,
Очевидно, чтоб избежать рокового повторения.
Она получилась развитой не по годам
И с отсутствием Адамова смирения.
Ева обозначила противовес
И выбила систему из монотонности.
Ее генетический замес
Обострил в ней человеческие склонности.
Это был уже не двойник,
А новая разновидность человеческой структуры.
Создание Евы есть существенный сдвиг
В философии Господней культуры.
Благодаря Еве изменилась окружающая среда,
Стало быстро расти население,
И Бог сбросил с себя навсегда
Бремя сотворения.

6

Что представляло собой Древо Познания,
И почему Господь не знал наперед,
Какие предстоят Ему испытания,
И как Он прогневается на человеческий род?
Почему понятие о безусловности созданного
Приходит к Господу только спустя?
И не отведала ли Ева вместо чего-то особенного
Обыкновенный плод, а познанье бытия
Началось с ее любопытства, что раньше
Пробудилось, чем съеден был запретный плод?
И, может быть, Ева и не изгонялась даже
Из Эдема, а просто увидела его наоборот?

7

Изменение Евы было такого свойства,
Что Рай для нее перестал быть Раем.
Она почувствовала безотчетное беспокойство,
Будто каждый шаг ее надзираем.
Она мысленно вернулась к моменту,
Когда из спящего Адама вытянули ребро,
И смекнула, что плата за ренту
Райской земли—подороже, чем серебро.
Рай—это место, где ничего не боятся,
Или—нарушение в человеческом мозгу.
Ева же поняла возможность новых манипуляций
И сказала Господу: «Все знаю и не могу».

8

Итак, Ева разочаровалась в Рае незадолго
До того, как ее оттуда попросили.
Она сконцентрировалась не на защите в лице Бога,
А на угрозе, скрытой в Его силе.
Ева почувствовала, что механизм сотворения
Может вполне идти через нее,

Что она отличается от растения,
А рассказы о равенстве — вранье.
И чтобы (еще чего доброго!)
Господь не принялся за новые опыты,
Ева, пересчитав Адаму ребра,
Решила хлеб насущный добывать кровью и потом.

9

Отличался ли Адам, не познавший соблазна,
И послушно соблюдавший Господни правила
От ведущего жизнь свою сообразно
Божьим традициям... короче — от ангела?
По физической мощи и сфере влияния
Ангел, конечно, превосходил Адама.
Но Бог, как было показано ранее,
Развивал в человеке довольно прямо
Интерес к творчеству. Именно этим
Человек отличался от ангельской популяции.
Подобное воспитание, конечно, отметим,
Основывалось на человеческой способности развиваться.
Ангел же каким был от момента сотворения,
Таким и остался, вплоть до покроя платья.
Среди ангелов не отыщешь гения,
Поскольку у них ни к чему нет пристрастья.

10

Даже если бы ангел и отведал плод вместо Адама,
Запретные соки его бы не изменили.
В нем осталась бы та же программа
И даже те же неотваливающиеся крылья.
Плод был рассчитан на развитие потенциала,
Каковым обладало человеческое существо,
И как бы история не порицала
Поступок Евы, она была — от Него,
Сотворенная по Его образу и подобию.
Из этого следует, что интерес —

Признак божественного, преданный с кровью
(Возможно, при помощи лимфатических желез).
И вообще, будь сказано ангелу не в обиду,
Но само по себе напрашивается следствие:
Тот факт, что ангел отличался по виду
От Господа, свидетельствует о его несовершенстве.
Ангела можно похвалить за прочную основу,
Что за столько лет его крылья не имеют вида тряпья.
Но, конечно, и Господу следует сказать как-нибудь к слову,
Что пока Ему не удалось придумать что-либо лучше Себя.

11

Древо Познания и Древо Жизни
Суть Божественные Пространство и Время.
Смертный, Адам сделался подвижней,
Обзавелся детьми,
Образовались семьи.
Человечество заполнило мир по горизонтали.
Вертикаль времени поделилась между двумя
Видами ангелов — которые не пали
И которые свалились плашмя
От всего этого небесного распорядка,
Что наводит, между прочим, на мысль,
Что не так у них все там гладко,
А то с чего бы это ангел возьми и сорвись?
Так или иначе, но заполнив сушу,
Человек — поскольку был одарен —
Хоть и не отведал с Древа Жизни, но изобрел себе душу
И так отворил все заслоны времен.
За это Бог приставил к нему ангела,
Чтоб человек был всегда в борьбе,
Чтоб он отстаивал душу, и чтоб его не оставило
Желание быть подобным самому себе.
Душа — это остроумнейшая победа над Запретом
И лучшее человеческое изобретение до сегодня,
Выполненное с должным этикетом
И почтеньем ко всему, что есть дело Господне.

Некоторые выводы

Фрагменты

Жизнь начинается со свободы воли,
С умения переключиться с заданной программы.
Прокашляться от куска, застрявшего в горле
Или выкарабкаться из ямы
Можно и по наущению рефлекса.
Это не такой еще большой фокус.
А вот почувствовать прилив интереса
И выйти в другую область —
Это уже скачок, без которого
Можно лишь говорить о монотонном росте
Системы. Так произнесенное Слово
Было сдвигом в безмолвном ха́осе.

…Бог сумел спровоцировать всплески
Звуков и света. В этом плане
Тишина рассматривается как равновесие
Звуковых колебаний.
Точно так же равновесие колебаний света
Суть безвидность, в которой витал Дух Божий,
А тьма над бездною, очевидно, — это
Две половины одного и того же.

Бог уже был не равновесен ха́осу,
Когда назывался собственным Духом
И, подчиненный хаотическому вальсу,
Носился по вселенским закоулкам.
Дух Божий — это потенциал переворота,
Предрасположенность к воздуху в вакууме,
Переоценка атомов углерода
В драгоценном камне;
Это новая функция Вечности,
Один из вариантов ее развития.
Вечность порождает безусловные ценности,
Поскольку глобальны происходящие в ней события.

Произнесение Слова — это извержение вулкана,
Поэтому Свет и Звук в изначальном Логосе
Под давлением Замысла спрессовались спонтанно
И взорвались в первом Господнем образе.
Слово сделало из Духа Господа,
Пожелавшего сотворять и властвовать.
Как можно заключить из Его опыта,
Сотворение имеет двойную направленность.

Бог — это новая функция Духа Божьего,
Научившегося развивать свои внутренние задатки.
В этом феномене много схожего
С типом человеческих натур, что в беспорядке
Мечутся в невозможности выразиться хоть в чем-то.
Самовыражение — это основательная ломка
Всех костей черепа, чтобы, сметая их известку,
Гравировать себе извилины по обнаженному мозгу.

...Человек, выделенный по интеллекту
Из животного мира, прав на две трети,
Негодуя, что за его неоценимую лепту
Ему отмеряли ровно столько же смерти,
Сколько и остальной слабомыслящей природе.
И кто же по своим убеждениям Господь,
И не утвержден ли социализм на небосводе,
И равенство ли в том, что сгнивает любая плоть?
На уровне Вселенной смерть — промежуточная инстанция,
Вкрапление в развивающуюся жизнь,
Результат временной инфляции, которую дает системе катаклизм.
Но, по-видимому, законы Вселенной не должно
Переносить на человеческое бытие:
Масштабность задавливает безбожно
Понятие уникальности. Собственно твое
Перемалывается механизмом новых интерпретаций.
Во Вселенной ценится процесс,
Возможность дальнейших реакций,
Движущих ее прогресс.
В человеческой системе важна индивидуальность,

И на этом делается акцент.
Что толку, если душа теряет память,
Будто отбеливает свою биографию президент?
Человеку ценно в загробном и в этом мире
Сохранить самого себя.
Его философия выживания шире,
Чем инстинкты мухи или воробья.

...Муха не отведала с Древа Познания,
А тоже смертна. Казалось бы, за что
Мухе подобное наказание?
Очевидно, плохо и это, и то:
И любопытство, и безразличие, с точки зрения Господа,
Одинаково разрушают. Лучше пресечь
Возможность разгула Вечного Города,
Чем постоянно затыкать наставленьями течь,
Образующуюся в результате стремления
Познать скрытую сладость зла.
Невинность же, как и переутомление,
Опасна, поскольку, проходя мимо стола.
Можно, не разбирая, взять яду вместо соды.
У мухи легче проходят роды.
Но проще всех живется инфузории,
Не замешанной ни в одной скверной истории.

Деление инфузории близко к бессмертию,
Она движется во времени путем собственного дублирования.
Все ее внуки и дети—
Это она сама, и суммирование
Бесчисленных инфузорий приводит к единице.
Такова математика Господа Бога.
Поэтому, когда что-то двоится или троится,
Отнюдь не означает, что этого—много.

...Вернемся теперь к человеческому определению
Сущности жизни и смерти. Очевидно, что в их,
Уже не вселенском, а земном соотношении
Намечен принципиальный сдвиг.
Если человеческие жизнь и смерть—это два полюса,

А сон — промежуточное состояние,
То немедленно напрашивается гипотеза
Об асимметрии Господнего здания.
Несоразмерность жизни и смерти по сроку
Приводит к мысли об их иерархичности.
Где жизнь выступает в качестве блока,
Встроенного в не-жизнь, в чьей туманной первичности
Вряд ли что-то обитает вообще.
Сон занимает одну третью суток.
Вместе с грезами — при свече
Наших тайных способностей — он, без шуток,
Может составить половину дня.
Сон без видений является антиподом
Жизни как бодрствования, когда она
Без примеси фантазий всякого рода.

Ясно, что фантазии — между бодрствованием и сном.
Это эликсир нашей жизненной фабулы.
В садах фантазии Бог оборудовал Дом,
И туда же эмигрировали ангелы.
Вынеся как множитель человеческое мастерство
Сотворять из воздуха образное многообразие,
Получаем, что поскольку не представить пустейшего ничего,
Смерть и будет антиподом фантазии.

В смерти никто не побывал живьем,
И Бог не знает, что это такое,
Поскольку Он бессмертен, и мы не привьем
Бессмертному бациллу вечного покоя.

Мы не умираем, но кончается борьба
Двух крайностей человеческой жизни,
И мы уходим в фантазии, где наша судьба
Становится книгой, которую читает ближний.
Нам рисуют немного другие черты
Те, кто поддерживают нашу галерею.
А мы переходим с ангелами на «ты»,
Уже никогда не старея.

ТРАКТАТ ОБ ОБЕЗЬЯНЕ

Об Обезьяне —
Венце творения природы;
Её скитаниях и ренессансе;
И о попытках привить ей
Искусственный человеческий интеллект
ТРАКТАТ
На соискание докторской степени
В прогрессивных науках,
Написанный высшим позвоночным,
Магистром п/окаянных наук,
Примат-доцентом,
Теплокровным и млекопитающим.

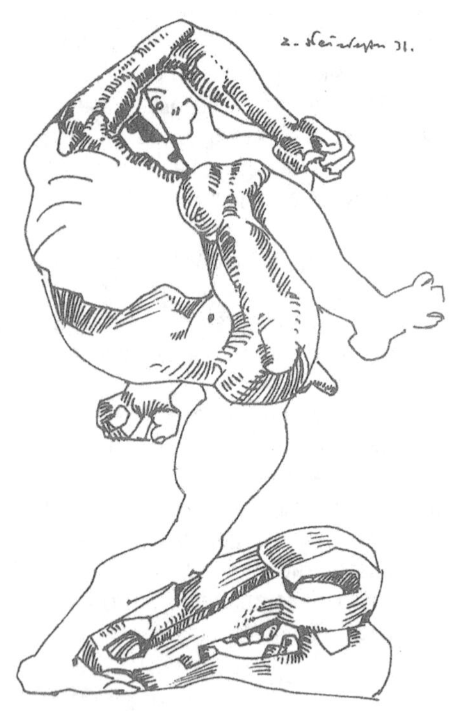

Предисловие

Жизнь — это зеркало в него смотрящегося.
Дарвин, например, увидел там обезьяну.
После этого с Кафкой был нервный приступ.
Его еле вытолкнули из утробы мира
Год спустя после смерти Дарвина.
Он из страха сделался страховым агентом
И следил за собой, за каждым шагом,
И докладывал страху о своих превращениях,
А тот хохотал, хохотал, таракан-тараканище.
В той тесной, узкой, опечатанной комнате
До сих пор летает чёрная галка
С алой, крест-накрест, раной в горле.
Попробовал бы кто перечеркнуть так Дарвина!
Сколько вообще это может сниться?
В том-то и дело, что вечно, вечно.
Не избавиться уже от снов, от Кафки —
Мумиевидного, высохшего сверчка в углу комнаты.
В лапках его — труха книги.
В провалинах глаз —
Зола видений.
Каждую полночь ему является
С боем часов
Призрак отца Дарвина —
Великая и ужасная
Обезьяна.

Часть I

1

Гелиоцентрическая система Коперника
Оставила в небе большую прогалину.
Вторым историческим событием для человека

Стало явление Обезьяны Дарвину.
Ренессанс Обезьяны, задвинутой незаслуженно
В угол цивилизации и там забытой, —
Наступил. Наши горизонты сделались уже.
Её — расширились. Теперь мы квиты.

2

Что бы там ни говорил Деррида,
Но самым великим деконструктивистом был Дарвин.
Вся эта человеческая чехарда
Не прошла животному миру даром.
Царь зверей издавал грозный рык вотще —
Человек прибрал всё к рукам очень скоро.
Страдала Обезьяна с младенцем на плече,
Природа ругалась естественным отбором.
Крыс вообще лишили всех прав.
Кроликов сгоняли в гетто лабораторий.
На человека нужен был большой удав,
Чтобы он осознал своё место в истории.

3

До Дарвина была человекоцентрическая система.
Дарвин поставил в центре Обезьяну
И доказал, что вокруг неё все мы
Вращаемся, как вокруг директора — замы.
Обезьяна — это солнце для homo sapiens,
Погрязшего в своей социальной психушке.
Под её влиянием уже пересматривается
Прототип «Чудного мгновения» Пушкина.

4

Чтобы глубже понять особенности Обезьяны,
Нужно вчитаться в мифы народов мира,
Например, в Библию — праматерь Себастьяна

Баха «Хорошо темперированного клавира».
В обезьяне воплотилась идея подобия,
Легшего в основу и библейского создания.
Подражательность она впитала с кровью.
А всё остальное — всего лишь иносказание.
Действуя всегда по образу и подобию,
Окружённая ящерами обезьяна-диссидентка
Постепенно превратилась в двуногое,
Чем весьма порадовала Лысенко.

5

Бог сотворил человека по Своему образу.
Природа сотворила Обезьяну по человеческому подобию.
Кто в кого верит, пусть и строит свою гипотезу.
Природе — природное; Богу — Богово.
Но о Боге, по мере возможности, не будем —
Это позднейшее синтетическое понятие,
Принадлежащее уже людям
(Пока что буду их так называть я).
Обезьяна — венец творения природы.
Природа всегда соревнуется с Богом.
Её весьма прогрессивные опыты
Уже выходят Ему боком.
Природа указывает Творцу на изъяны
Человека, не имеющего у фауны успеха.
Любая человекообразная обезьяна
Культурней обезьяноподобного человека.

6

Но мы отвлеклись. Речь не о природе и Боге,
Тем более, что о последнем нет никаких свидетельств,
Никаких раскопок, ничего, кроме аналогий.
И в космосе черно, как в некоторых сельских
Местностях в полночь, где перебили
Все лампочки, явно целясь в звёзды.

В космосе уйма космической пыли
И вообще отсутствует всякий воздух.
Бог родился и вырос в трудных условиях,
Но Ему удалось превозмочь их. Вкратце
Идея, выраженная в Его первом Слове, —
Это Божья власть плюс электрификация.
Опять отвлеклись. С утра не туда заносит…
Речь не о Нём, а об Обезьяне.
(Сказанное выше, прошу поместить в сноске.
И там же читать. Благодарю заранее.)

7

В этом есть некоторая непреодолимая спутанность.
До упоминания Библии всё шло гладко.
Теперь же выясняется, что, по сути,
Есть сотворение второго и первого порядка.
Бог и природа получились конкурентами,
Хоть Бог благоволил к чистым и нечистым,
(Но, кто из них пользуется какими дивидендами,
Придётся разбираться уже экономистам).
Суть не в этом. Бог выписал квитанцию
Земле на выращивание флоры и фауны.
Таким образом, природа стала Его напарницей.
Конкуренция не входила в Его планы.
Он развёл себе вскоре сынов Божиих.
Природа не отставала. И желая ответить,
Создала дочерей земных, весьма пригожих
(Бытие, шестая глава, стих с первого по третий).
С Адамом же всё получилось как в сказке о Кощее:
Вон древо,
      на нём ветка,
      на ней плод,
      а в нём — смерть Адама и отпрысков.
Пропп эту связь проглядел, и его отрицаю вообще я.
Тот же досадный пробел и в трудах Веселовского.

Но всё это, опять-таки, не относится к теме
Данного исследования в свете естествознания,
Поэтому лучше всего прервать рассуждения
Общего толка и перейти к Обезьяне.

8

Так вот, в Эдеме, а попросту джунглях
С прекрасным климатом, вкушала все блага
Невинная Обезьяна, пока не встретила жулика,
Хитреца и завистника — ядовитого Нага.
Наг раскачивался на развесистом дереве.
Издали его можно было принять за лиану.
Он не вызывал у окружающих доверия
И провести мог только наивную Обезьяну.
— Попробуй вот это, — сказал он, указывая
Кончиком хвоста на что-то среднее
Между лысым кокосом и гладким ананасом.
У Обезьяны как раз уже всё было съедено.
Она приблизилась. Любопытство
Было самой серьёзной её ошибкой.
Тронула плод. Оттуда выполз
Дрянной червяк с пьяной улыбкой.
Наг, следивший за Обезьяной украдкой,
— Видишь? — спросил. Обезьяна кивнула.
Органы зрения у неё были в порядке.
Червяк же витал в эмпиреях загула.
— Попробуй — повеселеешь, — сказал ей завистник,
Предвкушая увидеть обезьяну на брюхе,
Носом в пыли. Отодвинув листик,
Наклонил к ней ветку. Обезьяна обнюхала
Бродящие соки за шагреневой кожицей.
— Чувствуешь? — спросил негодяй. Обезьяна снова
Честно кивнула. С нюхом у неё было тоже
Всё в порядке. Чуть надкусила. В голову
Ударило лёгкое, чуть газированное, веселье.

«Вот это да!», — Обезьяна впервые подумала.
Стали кружиться деревья, как карусели,
Но кто-то к виску уже приставил дуло.

9

В пробуждении было мало весёлого.
Обезьяна очнулась на обочине джунглей,
Пыталась вспомнить, кто же привёл её
Туда. Настроение было жуткое.
Шерсть отваливалась просто клоками.
Челюсть сделалась недоразвитой.
Обезьяна всплёскивала короткими руками
И гляделась в речку, где с каждым разом,
Отражение менялось, и было уже трудно
Различить обезьянье в новом телосложении.
«С кем же я скрещивалась?», — Обезьяна раздумывала
Над падением нравственности под углом отражения.

10

После принятия плода в Обезьяне всё раскололось.
Иногда ей мнилось, что она идёт ко дну.
У неё появился ломающийся внутренний голос
(Шизофрения по Блейлеру, полифония по Бахтину).
У природы она явно уже была не в фаворе.
Ей не хватало прежней ловкости,
Она беспрестанно путалась во флоре,
И никто из фауны не приходил к ней в гости.

11

Сложные отношения бывшей обезьяны и среды
Обусловили дальнейший разрыв между ними.
Ни волки, ни овцы не хотели приютить, увы,
Существо без отчества и даже без имени.
Отбившись от стаи, и не прибившись к стаду, оно

Озлобилось в душе, которая у него появилась
Как мифическое золотое руно,
Что имеет далеко не каждая живность.
Но дело не в этом. Оказавшись одним против всех,
Существо затаило обиду на всю природу,
Ей в отместку придумало письменность, назвав себя: «человек»;
Прикарманило земли, нашкрябав на скалах: «продано».
Обходили его десятой дорогой и волк, и лев.
Человек управлял скотом, и плодами, и пчёлами в ульях,
А устав от забот, он посасывал плод, и потом, охмелев,
Засыпал. И к нему нисходил рай в джунглях.

Часть II

1

Итак, Обезьяна стала человеком насильно,
В результате сплошного обмана.
Родственная ветвь была полностью репрессирована
И звучала как прозвище: о-бе-зья-на!
Наг не ожидал такого успеха
От своей затеи просто поглумиться.
С тех пор он не мог смотреть без смеха
На все эти бывшие обезьяньи лица.
Так называемое Древо познания
Хранило компромат на Господа Бога,
И стало понятно даже Обезьяне,
Что Он сделал хорошо, а что — плохо.

2

Земля в Эдеме не плодила самостоятельно,
И дождей Бог не слал. Всё это красноречиво
Свидетельствует о реальных обстоятельствах,
Которые загладило библейское чтиво.
Адам эксплуатировался при любой погоде,

И не предвиделось выхода из этого рабства.
Знание, скрытое в Запретном Плоде,
Было подобно «Капиталу» Карла Маркса.

3

Революция в Эдеме совершилась по Ленину —
В одной отдельно взятой аграрной области.
Феминистка Ева стала во главе сопротивления.
(Но переписчик стёр все эти подробности.)
Бог уготовал Еве узы замужества.
Ева же стремилась к высшему образованию,
Что свешивалось с Древа, не внушая ужаса,
И суля ей сладости, больше, чем в Адаме.
По поводу Евы у Бога не было ясности.
Его представленья о женщинах были слегка однобокими.
Ученье — свет, который приносит тьму неприятностей.
(Последний вывод лучше заключить в скобки.)

4

Фернесс испытывал к обезьяне Люси
То, что Фрейд назвал бы Эдиповым комплексом,
Павлов — рефлексом, а Достоевский — конвульсиями.
Фернесс же интересовался только Люсиным мозгом.
Люси была симпатичного сложения,
Любила зеркало и очки (что ей было подарено)
И очень радовалась своему отражению,
Видя, наверное, в зеркале Дарвина.

5

Уильям Фернесс был одним из первых,
Кто отдался подготовке будущей смены.
Он верил, что крепкий примат займёт место нервных,
Шимпанзоидных особей, вскрывающих себе вены.
Он у зеркала простаивал часами с Люси,
Вытягивая губы то накось, то сикось,
Пытаясь осуществить лингвистические иллюзии.
Но из него не получился мистер Хиггинс.

6

Люси не прошлёпала губами «папа».
Люси подражала молчаливости зеркала.
Мистер Хиггинс-Фернесс прошляпил
Жизнь. И она померкла.

7

Вот история жизни Обезьяны,
Что во всех учебниках (отечественных и неотечественных)
Представлена (и весьма узнаваемо!)
Как собирательный образ человечества.
Поначалу сутулая, как первоклассник за партой,
Которому требуется классная дама,
Она всё меньше опирается на передние лапы,
И на последней картинке стоит уже прямо.
Всё дело в позвоночнике. И каждый воочию
Может убедиться, сравнив человека и кенгуру,
Как точно термин «высшие позвоночные»
Описывает замысловатую эволюционную игру.
Язык сусликов, например, изучить и понять не просто.
Он состоит «из разнообразных свистов и щебетов,
И щелчков различной частоты и громкости».
Среди сусликов должно быть много поэтов.
По позвоночнику различают низших и высших.
В нём — наука и искусство нашего завтра.
Человек — выше суслика, и он тоже слагает вирши,
Но ему ещё далеко до динозавра.

8

Насколько человек, отделивший себя от Обезьяны,
Отстаёт от своего животного окружения
Демонстрирует канон Моргана
В его классическом приложении
К копыту Умного Ганса, выстукивающего
Математические выкладки, как азбуку Морзе,
Об асфальт, поражая образованных присутствующих,

И ставя вопрос о нужде и пользе
Математических вузов, а заодно и всех прочих.
«Мозг не определяет свойства ума», -
Поговаривали. Но некий завистник и склочник
Дискредитировал копыто, выстукивающее теорему Ферма.

9

Копыто Умного Ганса вскрыло проблему
Нехватки братьев по разуму в человеческом обществе.
Поэтому в выстукиваниях слышали и теорему,
И аксиому, и всё, что захочется.
После разоблачения, в общем, неглупой лошади,
Астрофизики сами стали выстукивать
Позывные в космосе. Но и на этой обширной площади
Откликалось лишь то, что сумело аукнуться.
В общем, всё это эм це в квадрате
Показало, что усилия не стоили репки,
И что тоска человека по собратьям —
Это настоятельный зов предков.
Неудовлетворённость современного человека
Идёт от разрыва между ним и историей.
Один примат девятнадцатого века
Так и написал: «От ума — горе».

10

Возвратить к Обезьяне заблудшего человека —
Задача, идущая от природного чувства долга.
В предвкушении этого социального Биг Бэнга
Мы растим своего Кинг Конга.
Обезьяны пытались освободить Маугли,
Выкрав детёныша, но очень скоро
Его обнаружили и поймали
Тупые враги естественного отбора.
Из этого делаем простой вывод:

Чтобы окончательно прийти к Обезьяне
И отразить успешно вражеский выпад,
Нужно поменять систему образования.

11

Разум — свойство высокоорганизованных систем,
А не мозга отдельных особей.
Муравей, к примеру, силён именно тем,
Что мыслит коллективным образом.
Выживает не единичное, а сверхорганизм,
И при этом ему даже не нужен позвоночник,
Как показывает муравьиный коммунизм,
В котором не сыщешь одиночек.

12

Высшие позвоночные должны подражать низшим,
Не выказывать превосходства, молчать и сливаться
Или прикинуться какой-нибудь пищей,
Лучше — неудобоваримой для собственной безопасности.
Перестройка приведёт к окончательному примирению
И стиранию граней между позвоночниками.
За это приматы получат премию
И разделят её со всеми прочими.
Равенство, братство и другие понятия
Поставят всё на своё место.
Обезьяне, имитирующей низших собратьев,
Будет отдана пальма первенства.

13

Стирание граней между низшими и высшими
Способствует перераспределению энергии между ними.
Бог отпадает как третий лишний.
(Читай с маленькой буквы здесь Его имя).

Некогда Он сослал человека свирепо
На пожизненные работы (почти как при Сталине).
Теперь человек изгоняет Его из своего вертепа.
Как говорится, яблочко от яблони…
Богу неча пенять на Собственный образ и подобие.
Что посеешь — то и пожнёшь, как говорится.
Богу не набрать голосов и не видать Нобеля.
Нужно как можно быстрее стереть все границы.

14

Возвращение блудного человека к Обезьяне
Будет с радостью воспринято природой, что тоже
Воскликнет: «Ешьте и веселитесь, земляне!
Ибо этот сын мой был мёртв и ожил».
Поначалу Обезьяна, конечно, рассердится,
Обрушит на своего нерадивого младшего брата
Герпес, гепатит и другие инфекции
За то, что природа щедрее к тому, кто пришёл обратно.
Но природа её образумит, сказав: «Ты всегда со мною.
Иногда нам с тобой даже было скучно.
А теперь Этому Вечному под луною
Я докажу что моё творение было лучше.
И тогда, наконец, я буду царить в числителе
Над всеми вами — животными одной крови
И колонии насекомых превращу в исправительные
Для обращения в бесхребетных сопротивляющихся хребтовых».
Но для этого людям придётся ещё потрудиться,
Сделать вновь обезьян своими друзьями,
Перенять их походку, мимику, жесты, интуицию,
И труд вернёт человека к Обезьяне.
Первыми должны показать пример учёные.
Их готовность к скрещиванию подхватит студенчество.
Не пройдёт и столетия, как новоиспечённое
Поколение освободит всех от оков человечества.

Сближение с Обезьяной сделает былью сказку.
Мы рождены для того, чтоб вернуться в ретро.
Слово «обезьяна» имеет глумительную окраску
И посему политически некорректно.
Все мы приматы и гоминоиды.
Будет весело вместе нам.
Возвращённые дети природы
Не будут томиться по зоопаркам и церквям.
Цивилизация—это войны и дороговизна.
Прогресс—это старая забытая радость.
Под прочным знаменем дарвинизма
Орангутарии всех стран, соединяйтесь!

Послесловие

Бог, наученный горьким опытом,
Испугался, что Каин займётся селекцией
И выведет Древо жизни. И что потом?
Бог не одобрил Адамова первенца.
С тех пор не сыщешь гибрида без вкусового изъяна.
Картофелен персик; клубника хрустит огуречной клетчаткой;
Арбуз не хрустит. Пострадала, как всегда, Обезьяна—
Вегетарианка, питающаяся плодами и початками.
Но зато уже сблизились огород и сад.
Есть надежда, что и с нами всё будет в ажуре,
И Дарвин—пастырь обезьяньих стад—
Встретит человека с ключами от джунглей.

ТРАКТАТ ОБ ИСХОДЕ

Об исходе,
О проблемах продвижения к заветной цели
Вопреки Божьей воле,
А также о преимуществе мёртвых перед живыми
И соотношении веры и жилищных условий
ТРАКТАТ,
Написанный смертным
По дороге в тартарары
На соискание попутного ветра

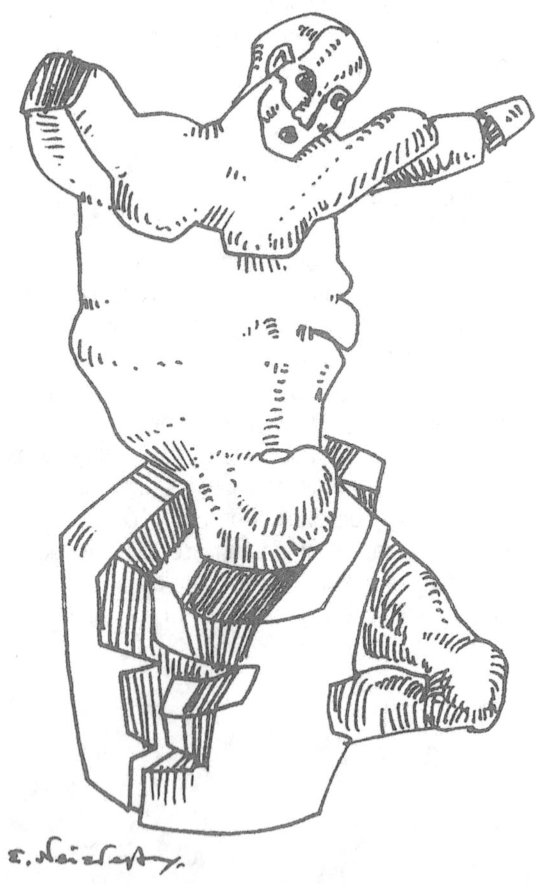

1

Вопрос об Исходе и поныне
Бередит подрастающее поколение.
Начиная с Ренессанса, мы опять идём по пустыне,
Только уже в обратном направлении.

Испив образования сивуху
И отведав Просвещения наливной плод,
Мы оседлали прогресса Сивку-Бурку
И скачем задом наперёд.

2

Остались позади воды Иордана.
Последний глоток выпит.
Нас мучит жажда. Но поздно или рано
Мы обрящем долгожданный Египет.

3

Вот уж и пустыню перелетели,
Где предки расхлёбывали манную кашу.
По обе стороны от нас мавзолеи.
Идолы нам дорогу кажут.

4

История — это осознанная необходимость
Двигаться вопреки Божьей воле.
В библейских сказаниях есть примесь
Чуда, отсутствующего в истории.
Поэтому в историю всегда верят,
Будь она придумана хоть Петровым с Ильфом.
О Библию многие обломали перья,
И её обзывают мифом.

5

История нашего исхода
Описывается простым уравнением:
Человек — это звучит гордо
(По доказательствам до сих пор прения).
С исходом вообще много всякой канители
И неясностей в сознании и бытии.
Мы давно бы достигли цели,
Когда б Творец не стоял на пути.
С Ним всегда приходится разводить антимонии,
То да сё, тары-бары,
Запудривать мозги (мол, все мы сыны Господни,
Хоть иногда бываем неправы),
Умолять о переписи праведного населения,
О спасении душ редких счастливчиков...
Ангелы с Авраамом в чём-то преуспели,
Но им далеко до Чичикова.

6

Жизнь прожить — что двигаться по минному полю,
Не имея миноискателя.
Тенденция движения к вечному покою
Приведёт всех к общему знаменателю.
Об этом писалось ещё у Экклезиаста,
Сына Давидова, царя в Иерусалиме.
Но мы не собираемся здесь повторяться
И беспричинно прославлять его имя,
Тем более что человеческой библией
Давно уже стал «Капитал» Маркса:
Экклезиаст писал об убыли, а Маркс — о прибыли,
И на это откликнулась читающая масса.
Бог устал вырывать страницы с этой ересью,
Насылать на вузы катаклизмы
И бороться с лжепророком Марксоэнгельсом,
Возвестившим о мессии коммунизма.

7

С сотворения Адама (разумеется, не Смита),
Начинается эксплуатация человека в Эдеме,
Где знания об экономике были сокрыты
И находились под запретом до поры до времени.
Но как только у Адама появилась совесть,
Ему открылось, что в результате
Вечная жизнь—это прибавочная стоимость,
Которая всегда достаётся Создателю.
Бог решил избежать перестройки,
И чтоб земля Эдема осталась невредима,
Поставил огненный меч на востоке,
У сада Эдемского, и Херувима.
Это первый случай ядерного вооружения,
Зафиксированный с ветхозаветной точностью.
Между Богом и людьми охладились отношения,
Что положило начало богоборчеству.

8

Жизнь не даёт никаких гарантий.
Всякий, кто в её картотеке,
Беспрестанно балансирует на канате.
Все—на миг, и лишь мёртвый навеки.
Смерть постоянна и никогда не заканчивается.
Она не обманывает ничьи ожидания.
Эти редкие качества
Делают её образцом для подражания.
Смерть породила поэзию, философию, медицину...
Она первопричина повышенного интереса
К тому, что происходит на Божьей половине,
И без неё бы не было прогресса.
Мысли о смерти куда возвышенней,
Чем о жизни, ступающей по земной тверди.
Смерть заставляет задуматься о смысле жизни,
А заодно и о смысле смерти.

9

Смерть — это камень преткновения мира.
С нею никто не может состязаться.
Она стимул поисков жизненного эликсира
И спасение жизни от девальвации.
Это вечный нерукотворный двигатель жизни,
Работающий по принципу ложа Прокруста
Без чертежей Леонардо да Винчи
И затрат энергетических ресурсов.
Смысл жизни зависит от смысла смерти.
У смерти есть численное преимущество
Перед жизнью, которая заканчивает в кювете,
Перевернувшись на скоростной трассе у Всемогущего.

10

Вовремя прозреть — это уже половина успеха.
И вторая половина будет достигнута скоро.
Приближаемся к колодцу, где Елеазара напоила Ревекка,
А оттуда рукой подать до Содома и Гоморры.

11

Глядя в колодец и предаваясь размышлениям,
Приходишь к выводу, что на заре Ветхого Завета
Творец не знал, что даже идеальное отражение
Есть искажение реального объекта.
Отражаясь и заполняя Своим отражением воду,
Создатель смотрелся в это обманное зеркало
И сотворил человека по Своему образу и подобию,
Основываясь на отражении, что вода исковеркала.
В нас больше воды, чем суши, хоть это не сразу видно,
Поэтому человек Богу не товарищ,
А угол падения индивида
Равен углу отражения в глазах смотрящего.

12

Жизнь — как вода: быстротечна и полна обмана
И вечно подсовывает не то, на что рассчитываешь,
Она пособница хитрого Лавана,
Который провёл Иакова как мальчишку,
Сбыв ему двух дочерей поочерёдно.
Очнувшись после свадьбы на другое утро,
Выпив рассолу и закусив с огорода,
Иаков обнаружил, что лежащая перед ним натура,
Была не той, за которую он семь лет отышачил.
Иаков получил то, что заслуживал:
Коль украл первородство в шкуре козлячей —
Принимай подложную суженую!
От всей этой свадьбы такое впечатление,
Будто Иаков венчался поздней ночью
И вокруг стояла непроглядная темень,
И обряд венчания происходил на ощупь,
А в спальне вообще было, как в комнате ужасов,
Где молодые словно онемели и оглохли,
Иначе бы голос новобрачной обнаружил,
Все эти свадебные подвохи.
Мораль сей истории: на супружеском ложе
Глухота возрастает со звуковой скоростью.
Иаков смиренно сказал: «О, Боже!»
И жил семь лет ещё с этой новостью.

13

Уже забрезжило пепелище.
Если всё будет идти по плану,
То после участия в содомских игрищах,
Сразу отправимся к Левиафану.

14

Следы Лота на тропках — как судьба на ладони.
Хоть читай всё будущее... То есть, прошлое...
(Эта направленность времени двусторонняя
Действует, как похмелье. И так же тошно.)
Лоту Бог указал путь на гору,
Но Лот усомнился, вступил в прения,
Выторговал себе укрытие в стенах Сигора
И спасся в пещере от истребления.
Отсутствие света не могло не отразиться
На его потомстве, зачатом в пещере:
Оно стало поклоняться мерзости Моавитской.
Так жилищные условия сказались на вере.

15

В смерть не ступала нога Вседержителя.
Не Божье это дело заниматься червями.
Представления о смерти у Него, как у всякого небожителя,
Весьма абстрактны и далеки от яви.
В смерти — свобода и полная демократия,
Возможная только при отсутствии демоса,
Когда свалена в кучу вся чистая и нечистая братия,
И все — граждане одного замеса.
Там нет будущего, а только бурлящее настоящее,
Разъедающее корни дубов, водопроводные трубы,
Гробницы тутанхамонов, останки ящеров,
Препараты от смертности, бормашины и зубы.
Там такое раздолье, такой нескончаемый праздник,
Такие возможности наверстать упущенное
(И притом совершенно безнаказанно!),
О которых лишь мечтают в райских кущах.
Смерть беспристрастна, неподкупна и открыта
Для всех без исключения — от мошек до царедворцев.
Там нет ни соперника, ни фаворита,
И работает принцип «стучите да отворится».

Каин вряд ли убил бы Авеля,
Если б меж братьями не встрял Бог
И постоянно не искушал его,
Не пуская с фруктами на порог.
А меж нами Господу не удастся посеять розни,
И подношений от нас Ему не видать!
Поедаем плоды Каина — виноградные грозди,
Яблоки, груши — до отвала, всласть!
Скоро будет ещё круче,
Когда заберёмся в Божьи закрома.
Впереди эдемские кущи,
Шесть сотворений,
А потом — тьма.

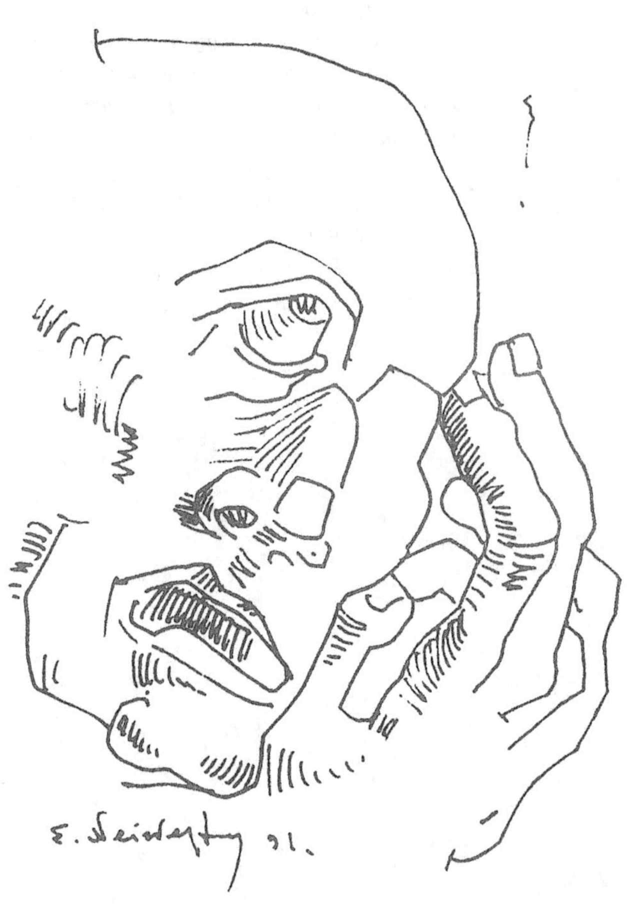

II. ПОЭМЫ

Разговор по душам

1

А бывает ли Тебе иногда грустно,
когда идёшь по тучам, смотришь вниз,
а оттуда никто на Тебя не смотрит,
каждый занят своим делом
и если задерёт ненадолго голову,
то чтобы проводить самолёт или птицу
или проверить, не собирается ли дождь?
Ворона чистит перья на куполе,
книгу Твою листает ветер.
Как Ты со всем этим там справляешься?

2

Лично я сажусь в троллейбус,
мимо плывут многоэтажки,
входят пассажиры, берут билетики,
пахнет булочками, накрапывает дождь,
и всё понемногу устаканивается.

3

А Ты? Продолжаешь Своё движение
непонятными тут никому витками
в пространстве,
так туго сплетённом со временем,
что даже физики их не могут расцепить.

4

Ты движешься всегда, и во сне, и в Субботу,
когда читаем вслух Тебе Книгу,
чтоб Ты засыпал под звук голосов,
покачиваясь в утробе вечных вод.

В них и спасаешься от тварного мира
под ритмы песнопений. Поём, поём
Тебе колыбельную о Твоих деяниях,
и движутся вновь по пустыне наши предки,
вытягивая ступни из тысячелетий.
Ты угрожаешь им замком из песка,
если они не достигнут цели,
клянёшься развеять их, как песок,
разнести по разным городам и странам.
А они идут по направлению к нам —
(пространство линейно — время циклично),
и мы встаём, топчемся на месте,
три шага назад и три шага вперёд,
а на самом деле идём за ними,
вместе с ними, почти по ним,
ставшим песком. И всякий раз,
как приходит Суббота, мы отправляемся
в тот же путь. И в конце его
так устаём, что мечтаем рухнуть
на твёрдую землю других государств,
на которой оказались, не достигнув цели.
А Ты отдыхаешь, колышешься на водах,
в ауре пророчеств. И что нам от них,
если все они уже сбылись
и стали Твоей Субботней колыбельной?

5

Перед стихами — душно. Тревожно спится.
После них — хоть потоп. Лягу, исчезну.
Белое поле,
лёгкость небытия...
Отдыхает пустыня моей тетради.
Ветер шуршит песками страниц.
Надо мной миражи,
под ногами,
на горизонте...

Вода...
К ней нас тянет сильней, чем к Тебе,
как ручку к чернилам. Там и встречаемся —
Ты на отдыхе,
копьё моей ручки,
я и чернильница с пересохшим ртом.
И наступает Водяное Перемирие.

6

Мне сегодня не верит никто.
В такое время лучше всего пишется.
Буквы сами складываются в слова,
а всё остальное даётся хуже.
Перейти дорогу, например, тяжелее,
чем перейти границу. На полпути
Тебя непременно что-то остановит
типа светофора или полицейского свистка.
И как тут быть с непройденной дистанцией?
Пройти попозже? К тому времени все
уже разойдутся по своим землям,
закончат институты, родят детей.
Пойду за Тобой. Хоть и Ты не сахар.
Но это Тебе говорили и до меня.

7

В Тебя вообще здесь мало кто верит,
в особенности, в то,
что Ты с каждым на связи —
с каждым в отдельности.
Многие считают,
что Ты улетел в другие миры
сотворять и властвовать,
оставив нам Свиток
с брелком Субботы.
Ах, люди, люди!

Ну что тут непонятного?
Ты — как интернет.
Главное — подключиться,
и Ты — тут как тут.
Я подключилась.
Сижу в троллейбусе.
Качает, штормит,
а я не надела боты
и теперь придётся
шлёпать по воде
от остановки к дому,
представляя, как
однажды, ещё до нашей эры,
расступилось море,
и мечтать о суше.
Скоро выходить.
А Ты, собственно, где?

8

Буквы мои Тебя боятся.
Разлетаются в стороны из тетради, как из лужи,
по которой проехал мой троллейбус.
Кто не спрятался — он не виноват.
Ты велел не называть Тебя по имени
и расщепил его для общего пользования
на много невзрывоопасных псевдонимов.
Но если пригнать их всех вместе плотно,
то может получиться дождеродная бомба
или какой-нибудь Big Bang.
Наверное, лучше не экспериментировать.
Кстати, о воде. Я вот думаю:
полных два дня ты с ней взаимодействовал,
разделял её
то по вертикали, то по горизонтали.
А кто же, интересно, её сотворил?

9

Наверное, это была я,
рыдающая над полной беспросветностью в тетради.
А Ты пришёл, зажёг свет,
расставил всё по своим местам,
навёл порядок… Правда, ненадолго.
Видишь, сколько натекло воды?

10

Ну вот, получилось всё так, как говорила —
буквы мои ускакали в сторону
при виде Тебя, как в Мойдодыре.
Ты и впрямь отмываешь до дыр
всю накопленную копоть знаний.
Тетрадь моя думает, что Ты — буква,
а буква думает, что Ты — перо,
а перо думает, что Ты — рука.
Так сидим часами и думаем
над письменным столом,
над пропастью во ржи.

11

А мой троллейбус всё катит и катит.
Скоро увижу отца на остановке,
прежний город, море вдалеке.
Там я когда-нибудь и выйду,
вздохну глубоко, полной грудью.
А пока помашу им всем рукой.
Не на прощание. Прощания нет.
Есть только вечное движение к Встрече.

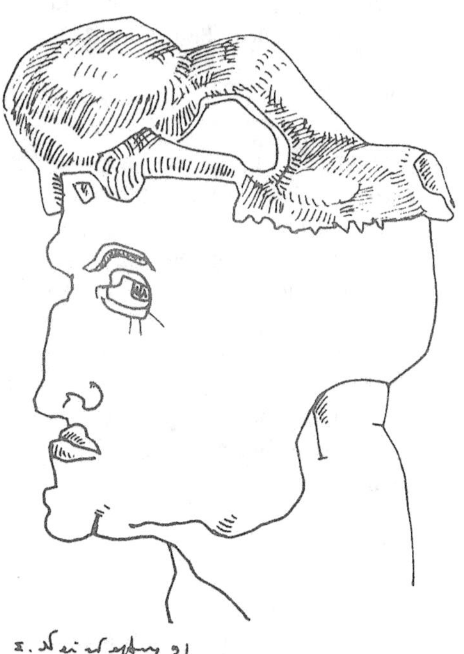

Статус отсутствия

1.

вот он стал уже прошлым,
унёс с собою
звонок в дверь,
посиделки на кухне,
запах сигареты.
Теперь когда
приходишь в былое,
там все на месте,
а где был он — только тень и свет.
И ничего уже не поправить,
когда вот так
нашла память на память —
и в ней он есть, и в ней его нет.

2.

Жизнь это уже повод, чтобы напиться.
И правильно сделал, что не обращался
К врачам. Что они понимают, язычники!
Им бы только толочь нашу плоть
В ступке с порошками, чтоб из этой фигни
Слепить что-то вялое, благообразное.

3.

В тебе бродили сразу все предки,
Все предки — от Адама до Иова и дальше,
И все колена, и их продолжатели.
И вечная борьба Иакова с Кем-то
Всегда кипела в твоих жилах.
Зачем ты однажды оставил город
На Чёрном море, где даже чайки

Говорили с тобой на родном языке?
Зачем ушёл на Землю Обетованную?
К чему пришёл, проделав весь путь
Своих предков за несколько часов лёту?
Чтоб подытожить однажды по телефону:
«Здесь хорошо лишь умирать и молиться»?
Молитвам ты так и не научился.
Хорошо ли было тебе умирать?

4.

История прошла через тебя, как колея
По приватной зоне, сделав тебя частью
Своих свершений, их очевидцем.
Ты знал в пустыне каждый камень,
Чем он дышал, кого скрывал,
Мог отличить пророка от осла,
Еврея от араба...
И ты призывал
К ответу Всевышнего,
Шёл к горе,
Ставил пол-литра,
Были речи твои крамольны,
О них спотыкались верблюды и палестинцы,
И все колена израильтян,
Которые тебя увещевали хором,
Но ты доносил свою мысль до Него
На жалком иврите, на котором общался
С каменщиками и малярами безграмотней тебя.
Поэтому я и пишу о тебе,
А не о Джоне Донне или Вильяме Шекспире,
О тебе, никому неизвестном Гарике,
Который умер неизвестно когда,
Оставив лишь белый кружочек в скайпе
Как символ дома, где не обитает никто.

5.

Взял и умер, не сказав ни слова.
В этом — весь ты. Узнаю тебя.
Небось, ушёл в запой в райских кущах,
Празднуя свободу от бремени жизни
И взвалив на нас тяжкое бремя догадок,
Ужас от белого кружка в скайпе.*
Выйдешь на связь, а он глядит,
Как мечемся по комнате или по жизни
В поисках тебя или может быть себя.

* Статус отсутствия пользователя в скайпе
обозначается белым кружком.

6.

Что прикажешь делать с этой памятью?
Где закопать её, где положить камень,
Как это принято у твоих предков,
Наших предков — грешных, гневливых,
Бунтующих и поддающихся с трудом
Праведному Возделывателю поколений?
Не плоть людская, а сплошной сопромат.
Из неё и Давид, и Соломон. И Иисус,
Пытавшийся в микву окунуть человечество,
Столкнулся с той же частью механики.
Его прогнали на небеса,
А мы на земле удерживаем боем
Каждую пядь. А по ночам глядим
На свод небесный, планируем наступление.
Хочешь не хочешь, нагрянем и к тебе,
Притащим доктора в райские кущи,
Пусть полечит от запоя эйфории
Тебя, неизлечимый друг наш Гарик,

Чтоб ты вспомнил, что у тебя ещё есть
Твои друзья на этом свете,
Даже если в него ты не веришь там.

* Миква *(ивр.)* — резервуар для ритуального омовения

7.

Ну всё. Finite. Пора закругляться.
Какой там у тебя прощальный тост,
С которым ты забил на всё человечество,
Грохнувшись на землю так, что отскочила
Твоя душа рикошетом в небеса?
Об этом можно только догадываться.
Мы и догадываемся.
Вся жизнь — догадка.
Пей спокойно, дорогой товарищ,
Райский нектар, чтоб в загробном теле
Ничто не червилось, в особенности совесть,
Которая гложет день ото дня.
Нас, конечно. А ты безгрешен,
Чист, как этиловый медицинский спирт.
Прощай! А если надумаешь наведаться,
Тащи с собою старенькую улицу,
Бабеля, стихи, скрип трамвая,
И город, полный жизни и надежд.

Квартал

Из воспоминаний

1.

Овощной магазин.
Тухлый запах капусты — удавка.
Покупатель — что браконьер —
Воровато возится в овощной мешанине прилавка,
Пока оттуда не цыкнет на него Циннобер*.
Весы бешено вращают глазами,
Как городничий былых времён,
И понукают: «Сами, сами
Расплачивайтесь за этот иллюзион!»

* Герой фантастического романа Гофмана
«Крошка Цахес, по прозванию Циннобер».

2.

Справа от магазина, как раз на углу,
Метёт озверевший дворник
И держит прикладом вверх метлу,
Как будто бы он поборник
Своих собственных прав.
К субботе он мягче, а сегодня — вторник.
Того и гляди оторвёт рукав
И оскалится: «Гав!».

3.

Из дома напротив хлещет вода.
Сантехник, до которого не дозвониться,
Вдруг прибегает и решает: куда?
И: можно ли по течению пересечь границу?
Наша улица — венецианский квартал,

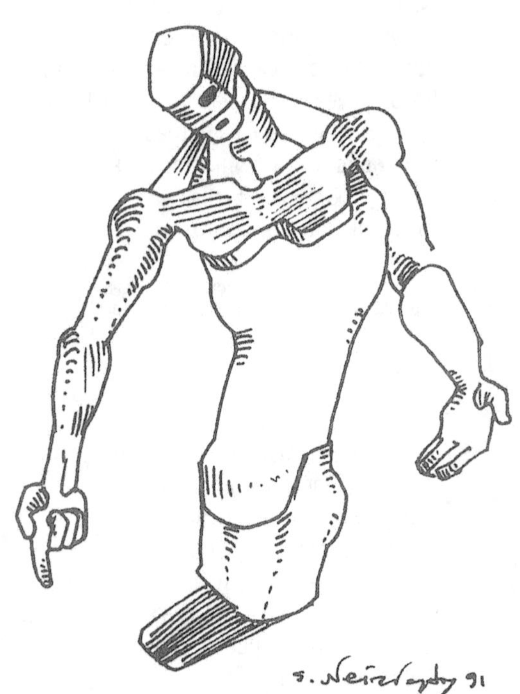

Брызги из-под колёс обрушиваются на пенсионеров,
Смывают домино, и сквозь этот шквал
Доносится: «Вашу власть, гондо…льеры!».

4.

А это — почтальон с сумкой наперевес
Топает себе по Венеции.
Завидев его, жилец,
Несётся с водопадом по лестнице,
Покрывая расстояние в два прыжка.
Ему не до водопроводной канители —
Он ожидает вестей издалека,
И сам он давно на прицеле.
Его телефон покашливает и дверной затвор
Клацает в рабочее время.
К нему частенько захаживает монтёр
Из районного отделения.
Почтальон протягивает измятое письмо
С подклеенным уголочком.
Клей на западе — настоящее дерьмо.
Да здравствует отечественная почта!
Почтальон-вездеход
Гнёт пространство с утра —
По воде, как ладья, по земле, как тура.
Почтальону — гип-гип ура!

5.

Фёдор Иваныч — дядя Федя —
Метёт тротуары в шесть часов утра.
Сметает Леонида Ильича в канаву,
Засыпает Владимира Мавзолеича листвой,
Перекладывает Шурика в мешок из-под тары,
Заталкивает Хоттаббыча под скамейку,
Пихает в бок бродячего Холеру,
И тот откусывает ветку от метлы.

—Ах ты, падаль!—восклицает дядя Федя
И идёт дальше мести улицы.
У него впереди ещё Себастьян Иоганыч,
Христофор Колумбович и Стенька Буяныч.
И каждый требует персонального подхода.
—Вот и вертись тут,—бурчит дядя Федя,—
Метла-то по-прежнему одна, как ни крути.

6.

Себастьян Иоганыч выхрапывает протяжно
Прелюдию и фугу на двадцать четыре свиста.
Его тело как прилично темперированный клавир,
Вздымается и опускается в такт придыханиям.
Поскрипывает скамейка, а дядя Федя
Орудует бойко метрономом метлы.
За окном Дуся закручивает компоты,
Гремя на весь двор стерилизованной тарой.
—Дуся,—окликает её дядя Федя,—
Давай поженимся! С метлой да бутылью
Много чего ещё можно закрутить.
Дуся смотрит на него томно,
А метла подбирается к Стеньке Буянычу.
Тот чуть вздрагивает, и по щеке его тихо
Ползёт горючая Тараканова.
Стеньке снятся победные битвы,
Он машет руками и громко всхлипывает,
И медленно сочится вода из пробоины
Его повидавшего виды корабля.
—Дуся, проверь его квартиру,—
Любовно шепчет Фёдор в форточку.—
—Неровен час, останется без имущества...
Дверь у него, как всегда, не на замке...
Дуся кивает ему понимающе.
Фёдор посматривает на Стеньку сердобольно
И сыплет дусту на несчастную Тараканову:
—Вот и добегалась, мадам Бовари!

7.

Осторожно прикрыв за собою двери,
Дуся спускается по лестнице на цыпочках.
У неё по коже бегают мурашки.
У неё в глазах пляшут зайчики.
У неё на душе скребут кошки.
— Видите, вам пора за решётку, —
Говорит ей вслед из квартиры напротив
Директор одесского зоопарка.

8.

В шесть часов вечера дворник одет во фрак.
В шесть часов вечера дворник забивает «козла».
Стук костяшек по гладкому заду стола.
Девочка на асфальте рисует («ла-ла-ла!»)
И подписывает: «Колька — дурак!».

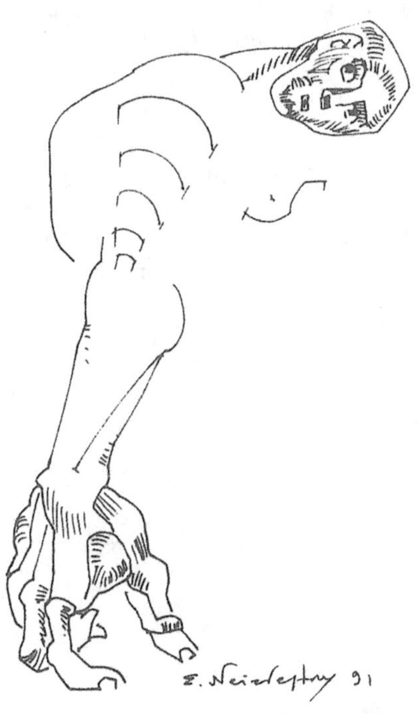
E. Neizvestny 91

Собакиада

*Вошла прекрасная собака
С душой, исполненной добра.*
Белла Ахмадулина

1. Ссора

Всё утро сосед лаял на Собаку,
Она шикала, грозила хвостом, поучала.
Он отбегал, кружил по парку,
Потом возвращался и начинал всё сначала.
— Проклятье! — стонала Собака. — Наказание!
Позор перед всем собачьим околотком! —
Садилась в кресло и бралась за вязание,
Пока он свирепо драл себе глотку.
«Нужно просто набраться терпения», —
Собака думала. — «Он остепенится».
— Сидеть! — говорила ему время от времени. —
Но он лишь скулил и бросался на спицы.
— Что может быть хуже этих беспородных! —
Собака вскричала и, не довязав свитера,
Сложила в коробку ошейник, намордник
И велела поискать ему другого бебиситтера.

2. Разрыв

На всём лежала тень запустенья.
Комната была полна мрака.
Сосед вспоминал то чудное мгновенье,
Когда в дверях появилась Собака.
Он подошёл к ней несмело, боком,
Смерил её недоверчивым взглядом.
Она прошептала что-то из Блока,
Типа: «чудовище», и он лёг рядом.
Она внесла свои чемоданы.
Он тыкался мордой в её вещи.

А дальше всё было точь-в-точь по Данте —
Чем дальше в лес, тем просвета меньше.
Он грыз учебники, рвал пособия,
В её отсутствие их листая,
И бурь мятежных злые подобия
В нём поднимались, как блошиная стая.
Он долго и рьяно сопротивлялся,
Но, невзирая на все усилия,
Его закрутил ураган из Канзаса,
И Собака сказала ему: «Или — или!».
Он ждал, что она вернётся, вперясь
В останки книг, изодранных в клочья,
И только обрывок с «in vino veritas»
Открыл ему всю глубину его горечи.

3. Возвращение

Сосед причащался две недели,
Алкал кагор, закусывал на грядке.
Потом его долго отрезвляли в купели,
А он порывался булькать колядки.
Очнулся в церкви со строгим режимом.
— Как окрестили? — орал эскулап ему.
Позвали Собаку. Ответила: — Джимом.
И сосед в знак согласия дал ей лапу.

4. Диктант

Скрипело перо, стонала бумага.
Сосед, пыхтел у настольной лампы.
— «Я к вам пишу», — диктовала Собака.
Он приписывал: «Встретиться нам бы...»
Муха что-то ехидно жужжала.
Сосед огрызнулся: — Заткнись ты, холера!
— «Когда б надежду», — Собака продолжала.
Он приписывал: «И Любу с Верой».

Вплыли сумерки звёздной предтечей.
Сосед закусил и растёкся мыслями.
— «Чтоб только слышать ваши речи»,—
Собака диктовала. Он не приписывал.
Диктант затянулся. Звучало из мрака:
— «Я жду тебя!».
Он прибавил:— Ну же!
— «Кончаю»,— продиктовала Собака.
— «Страшно перечесть»,— приписал Пушкин.

5. Мечты

За окнами ветер завывал адажио.
Снег крошил облака навылет.
Погода стояла такая, что даже
Собака хозяина на улицу не выгонит.
Светила небесные были в отключке.
Читали Булгакова «Собачье сердце».
Сосед вертел шариковой ручкой,
Не понимая ни бельмеса.
Собака знакомила его с азами.
Подходили к концу вторые сутки.
Сосед смотрел на неё умными глазами
И в тайне мечтал о рае в будке.

6. Культурный барьер

Собака стояла в очереди за сардельками
В бакалейном отделе универсама.
Перед ней обнюхивала мужчину в телогрейке
И чесала за ухом какая-то дама.
— Две сосиски — говяжью и баранью,—
Сделав реверанс, Собака попросила,
Прибавив:— Будьте добры, сударыня!
Её не поняли, и вышвырнули из магазина.

7. Их нравы

Припекало. Отделяясь от суши,
Трясли задами к воде два нудиста.
Собака смотрела, как болтались их уши,
Где шерсть кучерявилась, и тихо присвистывала.
Потом она развернула мороженое,
Прикрывшись салфеткой, чтоб не заляпать блузку,
Но полицейский гаркнул:—В одежде не положено!
Её раздели и забрали в кутузку.

8. Фантасмагория в полицейском участке

Соседа взяли с переломом лапы.
Накануне он выдавливал раба из «Перцовки».
Раб кочевряжился, бил лампы,
Все попытки унять его были с той же концовкой.
Собака взволнованно набирала участок,
Дежурный полицейский рычал ей в трубку.
Она уверяла, что сосед не причастен,
Бежала на помощь, потеряла туфельку.
На проходной бульдоги в форменных фуражках
Бросались на неё, как на амбразуру,
В клетках задержанные куражились,
Телефон выкрикивал что-то нецензурное.
Полночь чудила. В тыквах автомобилей
Крысы-таксисты накручивали счётчики.
Два зубастых прокурора вплыли,
Раздавая хвостами всем пощёчины.
Приползли понятые, шевеля усами,
Обнюхивали на столе каждую крошку.
Полицейские, бывшие днём псами,
Узнали в потерпевшей соседскую кошку.
Участок выл, мяукал и крякал.
Конвой обводил всех глазом циклопа.
Сунув соседа в мешок, Собака

В одном башмаке по лестницам шлёпала.
В колючую проволоку заколдовывались розы.
Туфельку за мзду отыскала нищенка.
Был объявлен уголовный розыск,
И принц постепенно превращался в сыщика.

9. Утешение

Он поскуливал, подёргивался, плакал.
Ему снились проклятые кошки.
— Спи, — шептала ему Собака. —
Тебе осталось совсем немножко.
Вот дослушаем Берлиоза вместе,
Дочитаем последний том Бальзака,
Ты сдашь экзамен на аттестат зрелости
И станешь большим и умным. Как собака.

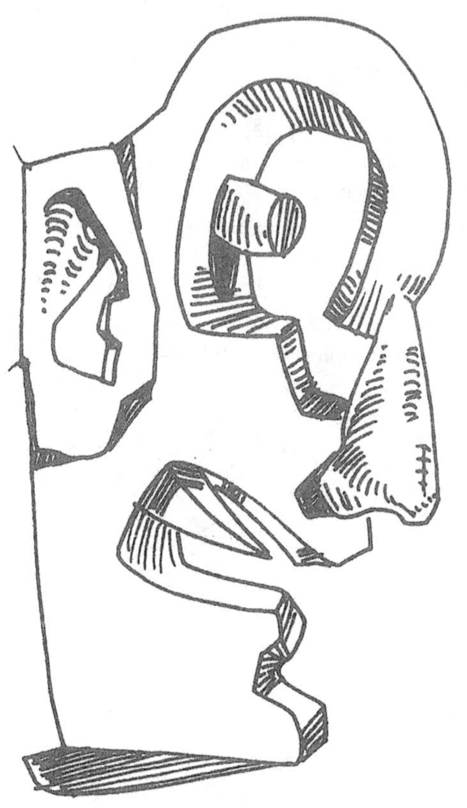

Он прискакал
Литературные мечтания

1.

Вот так всегда — славишь, благословляешь,
а потом оказывается, Он что-то не докрутил,
оставил мелкие недоделки в организме.
Поправить их не удастся никому.
Всё в тебе развинчивается и льётся
на голову твоих несчастных домочадцев,
живущих, как правило, этажом ниже
в своей счастливой житейской суете.
А тебе уже велено смотреть поверх,
пока мешок с мирской пылью
не станет пустым, и твой дирижабль
не отправится в то, безвоздушное, плавание.

2.

А ты надеялся, читал «Онегина»,
думал, всё это тебя не коснётся,
думал, прописался на этих страницах
на веки вечные как лондонский денди.
Понял теперь, что ты — тот «дядя»,
герой романа, который не в стихах,
а в самой что ни на есть занудной прозе?
Вот и хорошо. Лежи и созерцай
свой потолок (в прямом и переносном),
пока Онегин мчится на почтовых.

3.

Вот тебе немного литературоведения.
Жизнь начинается в авантюрном жанре.
Затем — к середине — уже в готическом.

К концу — в ненавистном тебе реализме,
когда посмотришь правде в глаза.
Но поздно: тебя уж выдвигают на премию
большой книги жизни после жизни
такие же виды видавшие дяди
не самых, но всё ж-таки честных правил
из мира, где каждый не в шутку занемог.

4.

Надежда всегда умирает последней,
а вера — никогда. Она появляется
после того, как уходит надежда.
И это почти что уже приговор.

5.

Нет ничего страшнее зрелища,
когда книга умирает у тебя на глазах,
с каждой страницей всё тише дыхание…
Агония слов, перестаёшь листать…
Где-то уже запускают дефибриллятор
самой могущественной марки «пиар».
Работает аппарат искусственного дыхания.
Очень серьёзный, крутой аппарат.
Он и раскручивает и раздувает
жалкие, склеенные страницы.
Сидишь и думаешь: боже мой…

6.

Мир катится к концу толстых журналов.
Каюк толстякам. Радуйся, Суок!
Прыгай на канате над бедным дядей,
слагай стишки под куполом небес.

7.

Кому достанется дядино наследство?
Мчится на почтовых заграничный Евгений,
московский Гарольд, пародия на всё,
что так успешно читается по сей день.
Запад полон заманчивых приключений,
не то, что скучная русская деревенька,
где вместо «Искусства любви» Назона
(востребованного, заметим, во все времена),
письмо какой-то непросвещённой Татьяны,
непопулярной и непереводимой,
с какой-то невнятной деревенской историей.
То ли дело госпожа Бовари!
Онегин даже слегка обижен —
нет, не такого он ждал от жизни.
Ему бы в ту, что на полке книжной,
а в этом романе он явно лишний.

8.

Всё, что ни делается, делается с умыслом.
Сколько бы роман ни разнимали на части,
ни разглядывали детали в микроскоп,
всё, что отыщут — холестерин у дяди
и жирные пятна в уголках страниц.
Может быть, дело всё в переводе,
может, в переводчиках,
может, в Пушкине.
Скорее всего, в самой литературе.
Никак не выстроить её в ряд
с тем, что на полках в доме у Онегина
и под подушкой у мировой литературы.
А то бы всё перевелось и сложилось
и стал бы «Онегин» романом нравов,
а Достоевский автором детектива,
и только Чехов остался бы не у дел.

9.

В царстве гламура сплетаются амуры.
Скачет галопом вдоль русской литературы
Онегин, выискивая свой сюжет.
Сюжет не даётся. Сюжета нет.
Есть скрипки полозьев — зимняя партитура
для солнца над россыпью снега. И свет.

10.

Чем забавлять умирающего дядю?
Разве что россказнями о бессмертной душе.
Но если вдуматься, то кому она нужна
Там, где Он бессмертнее всех бессмертных?

11.

Кто там в белом венчике из роз?
Голем-авангард с кривыми формами.
Он размазывает краски по полотнам,
Блямкает по клавишам, блеет стишки...
И падает в обморок гувернантка гармония —
Утопия о Творце и бессмертной душе.

12.

Дядя уже почивает на столе
вместе со стопками толстых журналов.
Их усадьбы давно разорились.
Самую главную купил Лопахин
и рубит для дачников её сад.
Дачник приходит мессией в литературу.
Вот и сбылись прогнозы Лопахина.
Сад наконец-то востребован массами,
приносит доходы, собирает подписчиков.

Петька Трофимов
выкрикивает лозунги.
Треплев ратует за новые формы.
А сёстры по-прежнему мечтают о Москве.

13.

Москва, конечно, уже другая.
Но сёстры мечтают — они не знают.
И Соня дядю Ваню утешает,
Рассказывает ему о небе в алмазах.
Их сметает помелом Маргарита,
Прячет в стулья тёща Воробьянинова.

Вот и всё.
Онегин прискакал.

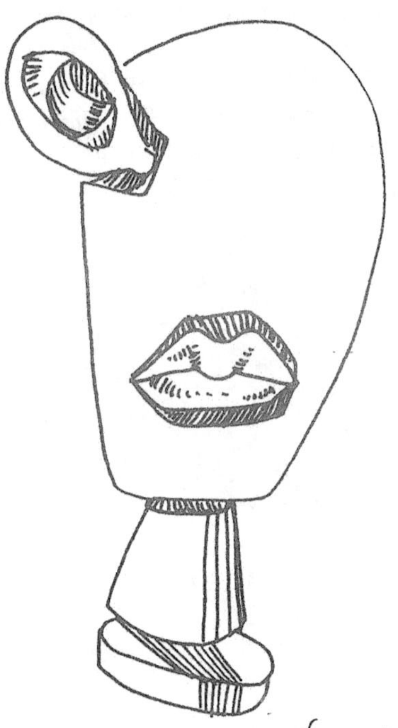

E. Neizletty 91

Милая Ольга Юрьевна

1.

Кто она?
Старая книжная фея.
Живёт меж засушенных лепестков книги.
Какой? Неизвестно. Листай получше,
Авось и найдёшь её в заводях жёлтой
Трухи, которой она пудрит
Гармошку шеи и лицо перед тем, как
Вспорхнуть (так ей кажется) с насиженной
Стёртой страницы плохого качества
Печати постсеребряного века.
Пыль столбом, когда она в ступе
Чернильницы носится над моею тетрадью,
Опыляя увядшие розы журналов,
И тычется сослепу в авангард.
Он привлекает её непонятным
Сочетанием букв, из которых можно
Сложить «виноград» с двумя описками,
С чернильным привкусом,
С кнопками косточек...
Ва-на-град... Она зажмуривается,
И пергамент вкруг её глаз собирается
В плиссе, и она добреет, мурлычет,
Смакует давно позабытое старое.
Сластёна милая, как прекрасно
Чувствовать себя молодой и новой!
Качайся пока на закрученных лозах
С пустышками вымышленных ванаградин.

2.

Кто её выдумал?
Навязчивый насморк,
Слезотеченье, першенье в горле.

Кто-то считает её аллергеном,
Кто-то — защитной реакцией полки,
Кто-то — блюстителем книжной нравственности.
— Ольга Юрьевна! — я её окликаю.
Она капает сверху чем-то жирным
На главную букву в моей тетради,
И всё расплывается безвозвратно,
И это безобразие
Называется деконструктивизмом.
Что ж ты делаешь, Юльга Орьевна?
Разве можно так обращаться с буквами,
Из которых что-нибудь, может быть, вырастет?
Может быть, целая литература?
Она сердито захлопывает обложку
Чьего-то полного собрания сочинений,
За которой отлёживалась её куколка,
Заранее злая. Вот видишь, до чего
Довела ты писателя полного собрания!
Больше он уже ничего не напишет.
А ты всё пудришься книжной пылью
Над его полным собранием огорчений...

3.

Фея моя, зачем ты хочешь
называться именно этим именем?
В имени — что? Или лучше — кто?
Вот в чём вопрос. Ночами грезишь
Снами подвеянной Веры Павловны
О домах, перекошенных в мозгах архитектора,
Что гнутся медленно, как алюминиевые ложки,
Под взглядом философа из палаты номер шесть.
Ольга моя, долгорукая с большой
Буквы, конечно же. Что ж нам делать?
Построила город из бумажных кирпичиков —
И клонишь полку свою то влево,

То вправо. Вот-вот рассыплется. Снова
Шуршишь страницами. В комнате полночь.
Пьяно, пьяниссимо... Только ветер.
Молчу, прислушиваюсь: где ты? Что ты?
В ходиках стрелочник крутит стрелки,
На всех парах катит поезд-время.
Под него ты читаешь «Анну Каренину».
Анна бессмертна, ей не до времени,
Ей бы только вовремя броситься.
Опять всё запуталось... «время», «вовремя»...
Будильник, негодуя, дрожит клювом стрелки,
Вот-вот обрушится из перьев столетий
На царя в голове, как Золотой Петушок.

4.

Время — в тебе, в твоём беспрестанном
Шуршанье. Страшна его деловитость.
По ней истекает другое время —
Простое, тетрадное, что не вхоже
В то, крепкое, книжное, из дуба зелёного,
Который ты охраняешь зорко.
Мне не приблизиться: шаг влево — сказка,
Шаг вправо — песнь. Поняла, сдаюсь.
Слушаю только твоё священное
Шуршанье. Оно заглушает ветви.
Они пытаются мне нашептать
Какие-то заповеди Лукоморья.
Но ты — на страже. А я — лазутчик.
Меня поджидает на том конце
Тетрадь. Это всё по её заданию.
А она не платит мне ни гроша.
Но это — другое. В эти дебри
Мы не полезем. Дорогая фея,
Что ты делаешь, например, в четверг?

5.

Вся поэзия живёт в котельных,
А браки издателей и писателей
Свершаются на небесах, уже после
Того, как котельную опечатают.
Тогда приходит и твоё времечко,
Фея моя с мушиными крылышками.
На них не подняться тебе выше
Полки с полными собраниями сочинений.
На этот запах ты и слетаешься,
Моя многорукая и долгокрылая
Лже-Ольга. Зачем ты топила в чернилах
Бумажные кораблики, вымарывала чёрным
То, что было написано по белому?
Лютая, лютая... Что ж теперь будет
С посланиями бедных папирусных корабликов?
Опять обижаешься, лицом своим круглым
Пытаясь походить изо всех своих сил
На ту, что сияла как луна в ночи.
А получаешься как та, что в «Евгении Онегине».
Поскорей бы нашло на тебя затмение.

6.

Отгородилась от меня, фея моя, целым городом.
Теперь мне уже и не подступиться
Даже на поклон. А бывало, пронесётся
Музой иностранной, капнет жирным —
И легче на душе. И даже когда
Ночью затевала пожар, пытаясь
Поджечь рукописи, даже тогда
Тепло и весело было в наших котельных:
Все плясали, чертыхались, дивились
Всполохам по чёрному куполу города.
Купола нет уже. Город осунулся,

Будто кто-то набросил на него колпак без прорезей
Для зренья и дыханья, и теперь вот снятся
Плохие сны, со сквозняками, и насморком,
И всякой нечистью, выходящей из носа
Наружу в полночь, когда в за́мке ума
Одни привидения блуждают с поддельными
Стихами и биографиями. Ты пестуешь их
В своём фолианте, пока они не скукожатся
В корзине для мусора. И целую ночь
Приходится ворочаться, уворачиваться,
Чтобы не сцапали, не затащили
Они и меня в свою шумную компанию
И чтобы и я потом не скукожилась
В собственном мусорном ведре или — хуже —
В алюминиевом доме больной Веры Палны
С резким перекосом в научный прогресс,
Где бьётся в стекляшке окна-аквариума
Её слабоумная фантазия. Ну к чему
Мне эти кошмары, Вольга Рьюена?

7.

Стало опасно здесь находиться.
Разобрать вообще ничего невозможно.
Жизнь моя — сплошной абсурдизм,
Что бы ты или кто-то выше
Тебя на этих дубовых полках
Ни говорил, ни писал и ни думал.
Выше дуба нет ничего.
В буквальном смысле этого слова.
Я там была и рукой дотянулась.
Всё, что над кроной, — сплошная бумага.
Потянешь за край, и она разматывается
До бесконечности и даже после.
Она размножается сама собой,
Как эти собрания сочинений

С мушками авторов в паутине букв.
Кто их вызволит? Но суть не в этом.
Бумаги много, хватит на всех.
Если вообще это сейчас актуально.

8.

Мучают ли тебя угрызения совести?
Хотя бы сегодня (семнадцатого января
По старому стилю)? Признайся, лицемерная!
Помнишь, как капала чем-то жирным
На его рукопись? А он кашлял, кашлял…
А потом махнул рукой и уехал.
А ты только фыркала, как та лошадь
Перекладная, на которой он плёлся,
Слышал фырканье твоё, просыпался,
Потел и вздрагивал — и снова падал
В овраг. Ты этого тогда хотела?
Сны его до сих пор бродят,
Бередят в сумерках пёстрые страницы
Твоих многочисленных нижних юбок.
Он прыскает со смеху — и они шевелятся,
Как фантики-бантики. Ты комична
Сегодня. Это всё оттого,
Что у него нездоровое чувство юмора.
Но откуда ему набраться здоровья
В таких условиях (по старому стилю)?

9.

У меня от тебя уже мигрень.
Записаться б на приём к доктору Айболиту,
Но он сидит на цепи под дубом
Вместе с другим доктором — Живаго.
Они отбывают по делу врачей,
А мы отбываем по делу пациентов.

Всё. Меняю этот век на позапрошлый.
Но со всеми удобствами. Можно без лифта.
Главное — без печки. От неё много дыму,
А ты на тот свет свела трубочиста.
Он падал и падал сквозь грязь и копоть.
На него уставилась поломанная звезда,
А ты загадывала быстро желание
О полном собрании. — Так нечестно! —
Он только выкрикнул. Прощай, трубочист!
Больше никто никогда не прочистит
Туннель дымохода, ведущего к небу.
Заражены трубы в нашем городе,
Включая и подзорные,
И есть лишь один
Выход из нашего архипелага —
Это загадочный
Остров Фюн.

10.

Остров Фюн, родина Андерсена
У моря, с городом добрым Оденса,
Прими меня! Я второе апреля
Буду праздновать как свой собственный день.
Двойка вниз головой — пятёрка,
Если взглянуть на неё сквозь Землю,
Когда стоишь на другой стороне
Эллипса, окантованного иероглифами звёзд.
Путь к тебе — по дымоходной трубе,
По весёлой и радостной тёплой котельной
Внутри Земли, глубокой и мудрой,
Где всё наполнено тайным смыслом
Зерна́, и звезды́, и живого пламени.
Там обитают мыши и бабочки,
Мерцающие личинки, цветы и породы.
Они указывают дорогу к острову.

Мне бы только один глоток
Этого испещрённого блёстками соли,
Подвижного, звонкого, как ребёнок,
Воздуха, а потом уж можно и назад —
К фее моей, взлохмаченной, лютой,
Как муха, протрезвевшая меж оконных стёкол
После запойной зимней спячки.
Должно быть, мечется, меня дожидаясь,
Чиркает крыльями, брюзжит недовольно.
Вот бы выпустить её на волю!

11.

В комнате моей,
Совсем как во сне,
Плавают в невесомости лунного света
Собрания сочинений —
Распахивают страницы,
Приглашают в свои тридесятые государства.
Но нам выпадает из этой колоды
Гаданий, и чаяний, и авторских прав,
Отданных на читательское самоуправство,
Узкая, тонкая ледяная пластинка
С острой каёмкой, почти белой.
По ней и движемся — я и она.
Я скольжу,
Удерживая равновесие.
Ребро пластинки режет подошву.
Ах, вот какой ты, алмазный мой венец!
Она порхает, нервно подпрыгивая,
Точь-в-точь как описка от дрогнувшей ручки.
Вокруг черно, как в моей чернильнице,
Глубокой и страшной, откуда выходят
Мои сновидения, сбываясь в тетради,
Что ёжится всякий раз, как только
В буквах заводится что-то бесплотное.

—Ольга Юрьевна!—
Она вздрагивает,
Словно её застукали за перечёркиваньем
Ещё живой, страдающей рукописи,
По которой она проводила отточенным
Стальным пером, и красные чернила
Выступали на поверхности фиолетовых строк.
—Ольга Юрьевна!—
Прилив чернил.
Колебание бликов.
Опять мы вместе.
Где-то ты уже об этом читала.
Рукописи—призраки детей Гамлета,
Они оживают в полночь, в полнолуние.
Видишь?
Слышишь?
Она озирается.
Я наблюдаю. Грустно опущены
Крылья её в горошинках блёсток.
Хочешь свободы? Она лишь ёжится.
Её пугает большой ветер,
В лохмотья грозит изорвать её крылышки.
Большой ветер—для крыльев-парусников,
Звук его ночью вибрирует в дубе,
И тот шелестит страницами в комнате.
Полки—дупла с его книгожизнями.
В них укрывается от большого ветра
Фея моя злая и пугливая.
Свобода мне нужна, а не ей.
Но мне никуда не деться от дуба,
А ей никуда не деться от полок.
И мы продолжаем свой путь, покуда
В стекле чернильницы моей не забрезжит
Мантия рассвета
С кровавым подбоем.

Стихи о волке

1.

Я думаю, ты всё же постучишься:
Ближайшее соседство — за версту,
А вечер погрузил моё жилище
Почти по окна в темень и листву.
Сползает со столба лианой провод,
И в лампе на исходе керосин.
И это ли не долгожданный повод,
Чтоб постучать без видимых причин?

Невесело, запущенно и дико
Мой дом произрастает из земли,
И вытоптана кем-то ежевика,
Которую собрать мы не смогли.
А слева от чернеющей дорожки
Наткнёшься ты, когда придёшь ко мне,
На скользкое негодное лукошко,
Где ягоды подгнившие на дне.

Тут без труда я приручила волка —
Всё оттого, что сходно с ним живу.
Его глаза — зелёных два осколка —
Пускай сверкают по ночам во рву.
Хоть изредка скорблю, что не волчица,
Но не ропщу. Что, думаю, с того?
В конце концов, ведь кто-то постучится —
В твоём обличье он, иль ты — в его.

2.

Уже декабрь. Тверда земля в саду.
Её свело морозами без снега.
Печально, у растений на виду,
Замёрзло детство позднего побега.

Все ночи так привычно холодны,
Что забываю сетовать на холод,
Как забываю многое — и город,
И прежний ракурс ледяной луны.

У маленького низкого окна
Сутулюсь, сжав концы платка локтями,
И мне то ночь безбрежная видна,
То я сама в оконной дряхлой раме.
Там продолжает комната моя
Своё житьё-бытьё полупрозрачно
И тонет в перспективе декабря,
И в ночь произрастает многозначно.
И в отражённый дом помещены
Деревья, ров у сломанной калитки
И тощий волк, что воет вдоль луны,
Претерпевая полнолунья пытки.
И я сутулюсь посреди дорог,
Озвученных той литургией волчьей.
И в руки, плечи с каждой новой ночью
Врастает серый подранный платок.

3.

Да, пишу. Негодная хозяйка,
Я не запасла на зиму дров.
Чаще стынет ручка-наливайка,
Ставя кляксы на начала слов.

В том ли грусть, что буква исказится,
И дрожит чернильная строка?
Ты ещё когда прийти решился,
А всё медлишь, будто жизнь — долга.
Что ж ты медлишь! Иль боишься волка,
Что на перепутье двух миров
С первобытным чувством злого долга
Ни на миг не покидает ров?

4.

Волк бродил и бродил по обочине
В поисках человечьих слов.
На снегу следы многоточиями
Огибали гибельный ров.
Не писалось. Листы пустовали
На чёрном дощатом столе.
Первый снег, наконец-то, издали
И слали, и слали к земле.
Ты читал этот снег прошлогодний,
Нам обещанный на год вперёд?
Ах, какие погибли корни
В тот, из снега изъятый год!
Ничего, победила природа,
Хоть слегка повредилась в уме.
И какая юродивость всхода
Удивить нас готова к весне?
Что-то я разболелась не в шутку.
Не заводится в печке огонь…
Погоди, не мерещься минутку
И горячечный лоб мой не тронь!..
Я твоя только в мыслях, а в теле —
Тот огонь, что ушёл из печи.
Поскорей бы прижились метели,
Чтоб не слышать — кричи, не кричи.
Отсырели проклятые доски.
Израсходован зло коробок.
Вы сегодня — читатели-тёзки,
Ты и поиском занятый волк.
У, как близко ты ходишь, как внятно,
Как сухой распаляешь мой бред!..
Только снег вами понят превратно,
А листы — это белые пятна
В родословной азов, буки, вед.

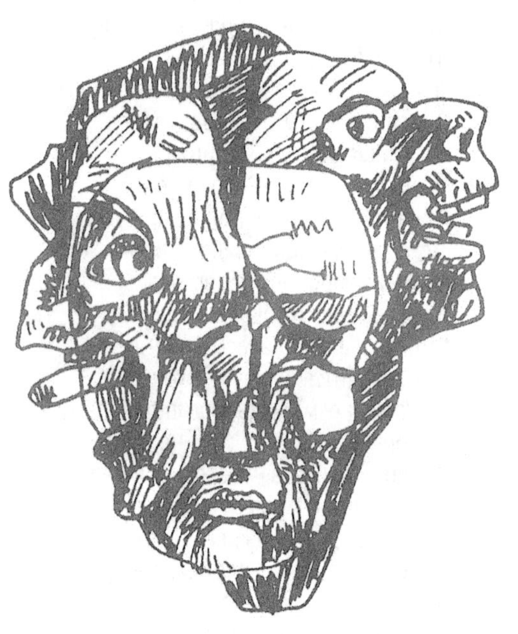

Тень города, или Поэма о нашем времени

1.

Снова в городе отключили день.
В тетради — темень, всё вповалку,
Слово на слове... Мир обалдел.
Ему бы сделать редакторскую правку.
Телевизор включает в розетку хвост,
Возвращается к жизни привидение-время
И шарит по ящикам, перетряхивая мозг
И циферблатами глаз наблюдая за всеми.
Только по ним и распознаёшь
Расположение клюва в дремучем пространстве.
Но толку что? Оно — филин, ты — ёж.
Ещё никто не увернулся, не спасся.
Снова ухает.
Колебания масс.
В воздухе носятся
Вирусы бессонниц.
Тревожно ворочаются
Личинки дремоты
В кавернах пней,
В болотных перинах.
По ним, пугая осоловевших лягушек,
Хлюпают мысли барсуков и ежей.

2.

Тетрадь под надзором. Сны в опале.
Они теперь только в самиздате,
В тайной расщелине у Лукоморья.
За них дают пожизненную бессонницу.
Население спит с открытыми веками
На случай обыска или проверки.
Самым примерным жалуют га-шиш
Сладкой премии гоголя-нобеля.

3.

...Проблеск луны, пустынного берега,
Море кто-то волнует черпаком,
Качается хитон его облачный над зыбью,
Плещется рыб серебряный поток...
Кажется, мы потерялись в пространстве.
Или во времени. Или в том и другом.
Трудно сказать наверняка, пока
Пространство и время сосуществуют,
Как тело и душа. Пространство — тело.
Время — душа. Оно беспокойно,
Оно разъедает жилы пространства,
Заставляет его пульсировать, болеть,
Сохнуть, обрушиваться, истекать потопами.
Без него пространство окоченеет,
Покроется коррозией, перестанет быть.
Быть или не быть — вопрос пространства.
Это оно, безутешный Гамлет,
Ловит знаки привидения-времени,
Верит в его допотопные россказни.
Время катится по нему, полыхает,
Как шаровая молния по полю жизни.
Кто перешёл его — тот погиб.

4.

Кто мы? Лучше спросить у дуба,
Ему открыто знание знаний —
Как плести паутину, смолить трещины,
Разводить пчёл... В его венах
Текут муравьи, а под шляпками желудей
Живут невидимые счетоводы.
Они считают время по формуле:
Путь пространства, делённый на скорость,
С которой оно распадается на элементы.

Дуб уходит корнями в безвидность.
В черной дыре её спрессовано время —
Без стрелок, без тиканья, добытийное.
На него нацелено изваяние филина,
Отлитое из облака — белого, плотного.
И только кисточки его ушей
Колышутся в такт вибрациям ночи.

5.

Откуда мы? Говорят, из микробов.
И в них же вернёмся, распавшись на множество
Быстрых невидимых поедателей материи.
Они прожигают воздух, как сигареты,
А на месте дыр образуются штопки
Седой паутины, латающей пространство.
Ею опутаны все просветы
В нашем лесу. Иногда на заре
В ней мигают изумрудные мухи,
Как броши в жабо обтрёпанных елей,
Задумчиво качаются мумии комаров.
Лес полон тайн непролазных, косматых.
Жижу его распирают бактерии,
Пучат тяжёлое брюхо болот
Дети вечного брожения и распада.

6.

В полночь, когда замирает всё в дуплах,
Коре, подземельях, запруженных водоёмах,
Филин выходит на лунную охоту —
Каждую ночь он охотится на сны.
Они бросаются врассыпную, как мыши,
Чтоб слиться с теменью, превратиться в тени.
Клюв его стрелок остро отточен,
Два циферблата его глаз

Крутят стрелки в зеркальном направлении,
И всё живое прижимается к земле.
Колышутся рыбы на блюде водоёмов,
Вязнут птицы в болотах воздуха,
Звери зажмуриваются, и ночной страх
Их погружает в топи оцепенения.
Звери боятся превращений пространства,
Звери читают на языке тьмы.
На нём написаны все инстинкты,
И все стихии разговаривают на нём.

7.

Лес — на подступах к городским улицам,
Стиснуто горло домов и площадей,
Кляпами заткнуты колокольни,
Мычат купола в подушку облаков,
Лежат небоскрёбы с поломанными хребтами,
По ним разгуливают стада свиней —
Любителей сладких даров Цирцеи.
И только чёрный дом из пепла,
Высится, словно зловещий обелиск.
Всякий раз, как отключают день,
В нём резвится чёрное пламя,
Мнёт бумажные фигурки узников,
И они изгибаются, корёжатся, трещат.
Если бы звери умели смеяться,
Они бы ощерились в диком хохоте,
Они бы катались в бурьяне до изнеможения,
Глядя на этот театр теней.

8.

В этом лесу мы самые отсталые,
Самые слабые и никчемные,
С недоразвитыми верхними конечностями,
Объекты глумления насекомых,

Пасынки природы, ловкой и хищной,
Наделившей шерстью и крепкими челюстями
Полноценных детищ о четырёх ногах.
Как нам стать настоящими животными,
Не хуже других? А то вечно в хвосте
Плетётся племя наше бесхвостое!

9.

Вчера весь мир встревожено чирикал,
Гугукал, квакал. Что-то происходит,
Но мы не в силах понять, что именно.
И это обидно и стыдно, в особенности,
Когда и червяк смышлено кивает
На речи товарищей. Как же быть?
Бобры начинают строить плотины,
Кукушки подбрасывают
Яйца в чужие гнёзда.
Мы же бродим по лесу в отчаянии
И спотыкаемся о квазимоды стволов.
Мы самые презренные,
Недоразвитые, и неловкие
В этом лесу. И зачем мы — люди?

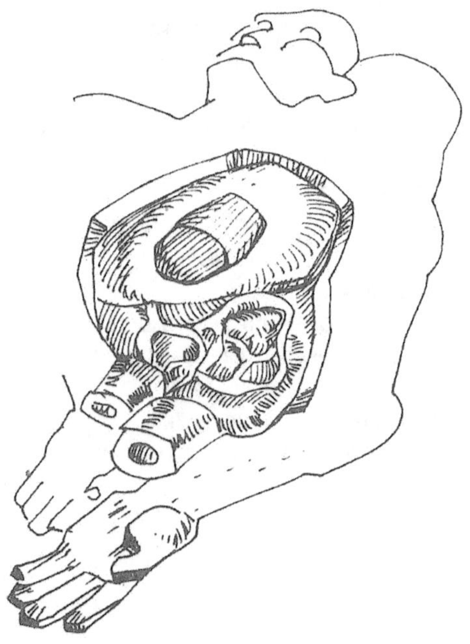
E. Neizslepsky 91

Реквием по снегу

1.

Луна маячит на последнем этаже,
Словно готовится к прыжку с вышки.
Машины шуршат по мостовым, как мыши,
И юркают в норки гаражей.
И снится снег, и плывёшь, и плывёшь
Вдоль берега ночи по его млеку,
И Город сам на себя не похож,
И память о нём из снежных молекул.

2.

Время заканчивается там, где вода.
Мы спим и движемся вереницей туда,
Где сверху сияющее, а внизу беспросветное,
И будущее пятится в никуда,
И на дудочке древа играет ветром.

3.

Когда просыпаешься, всегда ночь.
Толщу её не пробьёт и слово.
Засыпаешь — день. И всё точь-в-точь
Повторяется от одного пробужденья до другого.

4.

Дно кровати — травы и мох,
Пружины корней уходят в подземелья
Снов, застающих всегда врасплох

Сознанье, потерявшее бдительность в теле.
Город тикает. Полночь. Свет.
Мина ходиков поджидает бессонницы
Там, где ты есть, — тебя уже нет,
Хоть одно с другим никак не сходится.

5.

… И снится будущее. И все идут
С закрытыми глазами, и море в блёстках,
И плавно вздымается его батут
Под ангелами парусников и детьми в матросках.
И ты летишь, и весь мир — вода,
И ничто не шелохнётся над сияющей гладью,
И горны ангелов отлиты изо льда,
И музыка сфер неподвластна восприятию,
И матери в белом… А потом, а потом
В казарме вселенной трубят подъём.

6.

И ты подскакиваешь. А жизнь твоя
Продолжает парить над ареной моря,
И дрессированная семья
Чаек разлетается в каком-то узоре,
И степь заплетает косу, и склон
Смотрит, как солнце зреет в зените,
И колокол облака хранит в себе звон,
И шмель раскачивается на солнечной нити.
А ты выполняешь «бегом арш!»
По жизни своей, в воронку отброшенной
Взрывом будильника. И в почтовом ящике —
Похоронка будущего, ставшего прошлым.

7.

И всё раскалывается — память, жизнь,
И думы о прошлом, будто бомжи,
Блуждают в обломках эпохи.
И прежние радости нехороши,
И новые радости не для души,
И Город застыл на вдохе
Гигантского оползня. Ночью слышней,
Как движутся мысли песков, камышей
Под театром бульваров и скверов,
И кто не уснул, тот не сможет уже,
А тот, кто уснул, содрогнётся в душе
От вида подземных карьеров.

8.

Над морем раскинулся Город-гулаг.
Беззвёздная ночь — его траурный флаг.

Его стережёт часовой без лица,
Без рода, без Матери, Сына, Отца.

И надзиратель с оползнем глаз
Шарит по улицам в сумрачный час.

Город отрезан, город в беде.
Спит бескозырка на чёрной воде.

Что там под ней? Чернота? Пустота?
Город молчит. Неспроста, неспроста.

Ветра набат. Осыпается дом.
Город залёг на дно катакомб.

9.

И ёжится море посреди снегов,
И метель из шуб, самоваров и писем
Его укутывает, но не спится
Морю под тяжестью метельных снов.
А ночь надвигается со всех сторон,
И ветры захлёбываются в агонии,
И море вьюжится множеством волн,
И Город мерещится с колокольнями,
И слух улавливает перезвон пурги,
А купола застилает снегом,
И на расстоянии вытянутой руки —
Пристань, чайки, обрыв над берегом,
Ты на краю… И смотрят ввысь
В ожидании будущего дети в матросках.
Но будущего нет. И мелькает мысль:
«Нет — и не надо». А потом — воздух.

Свеча

Памяти зверски убитых 2 мая в Одессе

1.

Это здание свечки-огарка,
Это пепла густого набат,
И подруга моя санитарка,
И домашний её медсанбат.
Лик впечатан в пол размозжённый,
В крест окна и в железобетон.
Это город мой обожженный,
Где на всех не хватило бинтов.
Будет страшно, замедленно сниться
Крик в церковные купола,
Но надежды нет дозвониться —
Отказали колокола.
То молчанье мрачней утраты.
Не звонили они по ком,
Знает двор, безымянные парты
И всё небо над вечным огнём…

2.

Город спит под конвоем снов.
Город видит туннели дул.
Город гонят вдоль мостовой,
Чтобы он никуда не свернул,
Чтоб он двигался в массе тел
К точке ада, адом ведом,
Был насаженным на вер-тел,
В чреве мёртвой кипел живьём,
Слушал плоти сжигаемый зов,
Ликованья победной орды,
И не вышел уже из снов —
Из последней своей беды.

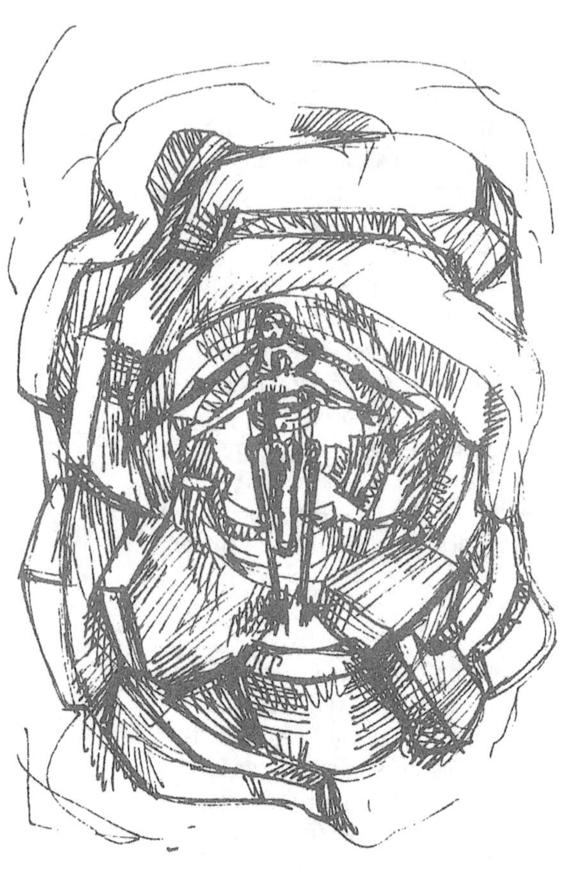

А меня там давно уже нет.
И в окошке моём луна.
И в будильнике ждёт рассвет.
А во сне у меня — война.

3.

Чёрное море
Чёрное небо
Шепчут молитвы
Священник и ребе
Держит мужчина
В разбитом окне
Связку тюльпанов
(Дочке? Жене?)
Чёрное море
Чёрное небо
Чёрная лестница
Чёрного склепа
Блик на стене
Проступил и остыл
Пусто гестапо
Пепел и пыль
Чёрное море
Чёрное небо
Город-маяк
Капитана тебе бы

4.

...животом запрокинувшись к Господу, упираясь ногами в пол,
она, выгнулась на столе, ощущая биенье в утробе,
пока горлом шёл из неё вопль,
где душа отрывалась от плоти, а во гробе
её шевелилось замурованное дитя.
И подумалось ей из предсмертного забытья,

что, наверное, снятся ему кошмары,
что страдает на этом кресте ни за что,
и молила Господа, чтобы Тот снизошёл,
и сочилась вода из плохо отжатой швабры.
Кто-то снизу не выдержал:
— Да кончай же её скорей!
Горечь уксуса с желчью.
Подумала: «как же теперь?
пять комнат остались неубранными...
пять комнат неубраны на этаже».
Кто-то тронул дитя копьём, и в душе
Отозвалось эхом:
— Уже.

5. Заклятье

Их жгли, а они превращались в море,
Катились по городу огненным штормом,
Оставляя на каждом камне историю,
Чтоб она пришла в обугленно-чёрном
На порог их дома, на край их парты,
На страницу учебника, где не всё замяли,
С дымящимся лацканом для награды,
На котором плавятся ордена и медали,
И чтоб каждый, кто был в тот час там с факелом
В руках ли, в сердце, кто держал на прицеле
Агонию тел, что ад выталкивал
В амбразуру окна, — чтоб под ним горели
Волны Чёрного моря, чтоб не смел он
В них погружаться, а его дети и внуки,
Войдя в те воды, становились пеплом
По щиколотки, по пояс, по плечи, по руки.
И пусть это будет мерилом истины,
И пусть не будет ясней аллегории,
Чтобы, отхлынув туда, где немыслимое,
Всегда возвращалось к Городу море.

6. Памятник

Лица тех, что ветра не остудят,
Лишь Ему опознать удалось.
Обелиском свеча там будет,
А по ней — оползающий воск.
А под нею — полутелами
Возвышаться будет амвон.
А над нею — крылатое пламя.
А поодаль — реквием волн.
И придёт к ней каждый, кто помнит,
И к подножью её приползут
Те, на ком клеймом преисподней
Несмываемой крови мазут.
И когда на ожогах террора
Пепел слёз взойдёт в тишине,
С мостовых, как шаги Командора,
Донесутся шаги Ришелье.
Он сойдёт с постамента, увитый
Тогой ран и побед, чтобы в срок
Неизвестному Одесситу
С головы возложить венок.
Будет пламень над городом виться,
Как биенье живое. И в нём
Распознают черты и лица,
Что пытались стереть огнём.
И посланьем будет к потомкам
В небесах золотая волна,
И зажжёт её новый Потёмкин,
И на тех — самовластья — обломках
Впишет Город жертв имена.

«Пойду за Тобой, хоть Ты и не сахар»

(Послесловие Ирины Роднянской)

1.

У вас в руках книга чрезвычайной поэтической плотности и не меньшей пластичности. Ее первая, представляющаяся беспрецедентной, часть — «Трактаты» — исполнена в тональности серьезно-смеховой, как, возможно, сказал бы М.М. Бахтин; вторая же — дышит трагедийно-фантасмагорической атмосферой: несмотря на переклички некоторых поэм с тоном и мыслями «трактатов», на ней лежит «тень Города», родной автору Одессы, — тень, отбрасываемая майской катастрофой 2014 года.

Автор дерзостно — как и пристало поэту в его исконном ранге сотворца Господа — охватывает оценивающим мыслевзором мироздание, человеческую природу, историю и современность, задавая по поводу всего этого неудобные вопросы Создателю (избранный модус «разговора по душам» с Ним ясен хотя бы по строке, выбранной мною для заглавия этих заметок). Притом он, поэт, всегда остается в стихии словесно-творческой игры с ее каламбурами, анаграммами, парадоксами, почти библейским отношением к буквам как к живым монадам, сгусткам смысла, — то есть не превращается ни в теолога, ни в философа, ни в моралиста, ни в публициста, хотя задевает их законные домены, производя там немалый переполох и вовлекая читателя в попутные размышления широчайшей тематики.

Как это получается, до конца неизъяснимо — средства анализа фактов искусства по определению ограниченны. Но возникает потребность поделиться непроизвольно напрашивающимися ассоциациями, субъективным комментарием к прочитанному.

Во избежание опасности быть неверно понятой сделаю небольшое предуведомление. Сочтя по непосредственному впечатлению «трактаты» Веры Зубаревой «беспрецедентными» (да и ряд поэм так назвать не грех), я, как всякий вменяемый литературный «эксперт», тут же стала искать прецеденты и линии преемственности. Дело в том, что в искусстве стерильная «самобытность» свидетельствует скорее о произвольной выдумке, чем о полноценном художественном акте (таких выдумок в «авангарде-ванаграде» пруд пруди, но они остаются всего лишь претенциозными жестами манифестантов). Истинно творческий акт отмечен именно «прецедентностью» — вхождением в широкое русло культурно-художественной мысли — в данном случае, российской или, шире, европейской. «Статус присутствия» в нем, в этом русле, и есть охранная грамота настоящей самобытности, отличающей ее от прихотливой невидали.

Один из превосходных современных филологов, недавно ушедший Сергей Бочаров выдвинул оригинальную концепцию генетической памяти литературы (и, возможно, культуры в целом) и подтвердил ее фактическими наблюдениями, хотя духовно-материальную природу феномена до конца не объяснил. Он показал, как удивительная цепочка идей и положений, близкородственных и даже аналогичных, тянется через века литературно-культурного процесса, притом что ее «авторские» звенья могут не принимать во внимание предшественников и даже не знать о них, ничего у них не заимствуя. Эти «воздушные пути» не входят в ведение классической компаративистики и вместе с тем отнюдь не тождественны тому, что постмодернисты называют «интертекстуальностью», трактуя любой новый текст как цитатный ковер, сотканный из элементов старого*.

Тут-то укажу на яркий прецедент беспрецедентных «трактатов», который Вера Зубарева наверняка не имела в виду, но который приобщает их к центровому движению нашей поэтической культуры XX века. Это созданные до ареста поэмы Николая Заболоцкого: «Безумный волк», «Деревья», «Школа жуков»… Замечательно, что первотолчок к написанию этих поэм, в особенности «Безумного волка», был дан Заболоцкому увлечением идеями К. Э. Циолковского. И что точно так же сочинение первого трактата — «Ангелов» — родилось, по свидетельству самого автора, из ее захваченности идеями столь же «неформатного» гения — Арона Каценелинбойгена**.

---

* Еще лучше теоретика сказал об этой генетической памяти поэт — Осип Мандельштам: «И снова бард чужую песню сложит / И как свою ее произнесет». Песня, конечно, не «как своя», а доподлинно «своя» — для сознания самого «барда» и для его слушателей; но прежний ее эквивалент хранился где-то в общекультурных закромах. Потому что из Ничего творит первообразы только Бог.

** С ним создательница «трактатов» была дружна в США, — а пишущая эти строки — в СССР до его эмиграции.

В обоих случаях для поэтической аранжировки увлекших идей найден особый, двусмысленно-гротескный стиль — у каждого стихотворца свой. У Заболоцкого хамелеонообразная неуловимость его слога заставляла подыскивать ему множество источников — от Лукреция Кара до русских поэтов «Сатирикона». Так же трудно найти главенствующую однозначную «фишку» в манере зубаревских «трактатов» — косвенное свидетельство их неоспоримой удачи.

Автор «Безумного волка» и в особенности «Торжества земледелия», увидевшего советскую печать, расплатился за дерзновение свободой и, в итоге, здоровьем и самой жизнью. Сочинительница «Ангелов», по обстоятельствам своей биографии, опубликовала их (в переводах на немецкий и английский), к счастью, во внешней, неподцензурной печати, где трактат ждала высокая оценка… А вот еще и внутренняя разница между двумя версиями философско-поэтической игры, сплавляющей серьезные идеи с ироническими метаморфозами. Заболоцкий, несмотря на неотторжимый смеховой модус, остался в рамках утопического сознания. Трактаты Веры Зубаревой резко антиутопичны, ибо утопии, навязываемые миру, враждебны Тому, за Кем она решилась идти.

В предуведомлении к «Трактатам», т.е. к первой части книги, автор поясняет, что сам он скрывается за малопочтенной повествовательной маской «современного человека» с его духовно-ограниченным сознанием. На поверку это не совсем так — в каждом «трактате» маска своя. В «Ангелах» это — «скромный ученик», надерзивший, однако, своему учителю и продолживший его мысль в не предусмотренном тем направлении. Отказавшись принимать всерьез «вероломные схемы» эволюционной теории Дарвина, но по-своему воспользовавшись идеей наставника о «развивающемся Боге»*, он сумел повернуть дело так, что представленные им данные об ангельской природе воспели — от обратного — антропологический гимн человеку.

---

* Близкая идея опять-таки существовала в русской философии еще до Арона Каценелинбойгена, изучавшего под этим углом зрения Библию. У Владимира Соловьева «Душа Мира» — тварная проекция Софии Премудрости Божией — материализует земное бытие эволюционным путем, притом методом проб и ошибок; так «допотопная» фауна с ее чудищами исчезла как результат неудачной пробы. Вл. Соловьев, «светский богослов», увлекался Дарвином, как, видимо, и автор идеи о развивающемся Боге.

«Ангельский *собор*», говоря по-церковному (в отличие от «человеческого *рода*», не предполагающий размножения), под пером не такой уж «скромной» ученицы похож на дивизион пресловутого «казарменного коммунизма». Ангел — это «летательное устройство с мыслящим отсеком», но мышление его — чисто функциональное, заточенное на то, чтобы служить «ингибитором в реактивной человеческой среде». Ангелы не умеют ценить красоту, не знают, что такое смех, лишены фантазии — словом, пригодны только в рамках некой небесной робототехники. Преимущества человека как саморазвивающегося создания, способного осуществить в себе переворот с помощью души, — очевидны. Они становятся еще очевиднее, когда рядом с Адамом (который не знал до поры, что он одинок, — изобретательная психологическая замета) появляется Ева с вложенным в нее, в силу Божественного умысла, «центром любопытства». (В прелестных сценах ее поведения в Эдеме, вдохновленных перелицовкой Книги Бытия, автор не удерживается от сочувственно-юмористической дани феминизму).

Неожиданный идейный эффект сегодня порождает лексическая струя «Трактата об ангелах» — сделанный не без рассчитанного комизма упор на научную и техническую терминологию: «искусственный интеллект», «дистиллированная субстанция» (состояние душ в чистилище), у ангелов «нет теории, а только постулат»; «асимметрия Господнего здания», «падший ангел летает, притворяясь стерильным, но пошли метастазы по сереющим крыльям». (Кстати, опять-таки, Заболоцкий одним из первых ввел в поэтическую лексику научно-терминологический язык: «Слышу речь органических масс», — но у него это элементы высоко-патетического, а не иронического слога).

Неожиданность же добавочного смысла состоит в том, что эта педалируемая лексика исподволь наносит удар по так называемому трансгуманизму, нарастающее умственное влияние которого автор как бы угадал сочинением, писавшимся задолго до этого поветрия. Воспринимаемые нами как ущербные, качества до-человеческих киборгов загодя предупреждают о неприемлемости замещения людей киборгами постчеловеческими. Человек, он «от Отца Небесного» — непреложный, хотя и косвенный итог космологии и психоаналитики ангельского бытия.

(К этому не мешает добавить, что и учением Церкви человек потенциально ставится выше ангелов. «Вы боги», — по свидетельству евангелиста, цитирует Иисус слова Псалмопевца о человеке. Дева Мария, Богородица, молитвенно прославляемая как «Честнейшая херувим и Славнейшая без сравнения серафим», — по своей природе такой же человек, как все мы.)

Уже в первом по написанию «трактате» Вера Зубарева нашла для него и последующих, а также для части поэм свой ритмический канон: свободный акцентный стих на три или четыре словесных ударения в каждой строке, с перекрестными ассонансными рифмами. Она прекрасно владеет регулярным силлабо-тоническим метром (см. в книге ее раннюю поэму «Стихи о волке» или позднюю «Он прискакал»), но в «трактатах» вольная ритмическая походка дарит ей свободу вести свои речи от какого угодно адресанта — оставляя зазор между его толкованиями и позицией автора. Все, что говорится таким незарегулированным образом, лишено четкой, ритмически-навязанной принудительности постулата и открывает простор для сомнений и гипотез, для юмора и иронии.

Ну, а от чьего масочного «имени» написан «Трактат об Обезьяне»? Да, этот «примат-доцент» — действительно наш усредненный интеллектуал-современник. Он, в отличие от трансгуманиста, в своих фантазиях преодолевающего человека тем или иным «сверх-», сочиняет инволюционные (ведущие к ухудшению) модели антропогенеза, соответственно которым обретение человеком самосознания, выделяющего его из животного мира, есть не что иное, как падение. Чтобы не быть голословной, приведу пример из философской книжки «Пестрые прутья Иакова» (М., 2008), принадлежащей известному композитору и мыслителю-постмодернисту Владимиру Мартынову. В ней описывается визуальная притча бельгийского художника Р. Магритта, где изображена женщина, висящая в позе эмбриона на ветвях древа Природы, как некий плод. Но черенок плода вот-вот оборвется, она упадет в траву, и для нее жизнь в природно-райском лоне, уходящем древесными корнями в почву, — кончится. Она отяготится обретением своего «я» — мир станет для нее объектом, сон будет отличаться от бодрствования, реальность от грёзы и т. п.: атеистическая версия грехопадения. Что же говорить о зубаревской Обезьяне, обманом и насилием превращенной в человека, если можно заглянуть еще дальше назад и позавидовать жизни растительного плода, непосредственно сращенного с Матерью-Природой, которая, по лекалам такой философии вечно соперничает с Богом — как «естественная жизнь» с абстракцией?

«Возвратить к обезьяне заблудшего человека» — таким пародийным слоганом в трактате награждается современный неоруссоизм. «Естественный человек, или попросту хам», — когда-то отчеканил С. С. Аверинцев, не упомню, с малой или с прописной буквы в последнем слове своего афоризма. Выглядывая из-под маски «примат-доцента», наш поэт диагностирует марш современной цивилизации к хамству. (Такой вот «беспородный» хам, перевоспитываемый своей породистой собакой, выращенной прежними человеческими поколениями и стоящей на более высокой, чем он, ступени культуры, — изображен в изящной юмореске «Собакиада» из второй части книги.)

Финальный вердикт современному сознанию, направляющему ход современной истории, вынесен третьим трактатом — «Исход». Если первые два фантазийно отталкивались от Книги Бытия, то этот — от второй книги Моисеева Пятикнижия, от повествования об исходе древних евреев из египетского плена через пустыню в Землю обетованную. Принципиально то, что этот трактат написан от имени *смертного*. Нынешнее шествие уже не одного избранного Богом племени, а всего человечества по пустыне обезбоженной жизни в обратном библейскому Исходу направлении — это шествие к небытию, выбранному постбиблейским (разумеется, и постхристианским) сознанием как конечная цель.

Звание «смертного» о многом говорит. Само это понятие — языческое, в нашей культурной памяти — преимущественно эллинское. В Писании обоих Заветов упоминаются «тень смертная», «муки смертные», «персть смертная» — тело, но нет субстантивированного слова «смертный», синонимичного понятию «человек». Эллины приписывали своим бессмертным богам-олимпийцам изумление насчет того, как это людям удается справляться с сознанием своей смертности. Справляются же именно так, как показано в «Трактате об исходе», — поют гимн Смерти, желая в извращенном своем воображении превратить «последнего врага» («последний враг истребился — Смерть» — крестным подвигом Христа, — из «Огласительного слова» Иоанна Златоуста на христианскую Пасху) — в друга и справедливого владыку. Если в заключительных «Некоторых выводах» из «Трактата об ангелах» о посмертии и бессмертии говорится гамлетическими устами скептика или агностика: «в смерти никто не побывал живьем», — то в последнем трактате славословие Смерти — «вечного нерукотворного двигателя жизни» — достигает прямо-таки демонической агрессии, заставляющей вспомнить о гимне Чуме в исполнении отчаявшегося пушкинского Председателя нечестивого пира.

«В смерть не ступала нога Вседержителя <...> В смерти свобода и полная демократия, / Возможная только при отсутствии демоса, / Когда свалена в кучу вся чистая и нечистая братия, / И все — граждане одного замеса» (отметим редкую разноударную рифму: *демоса — замеса* — как посмертный скрежет зубовный). И далее: «Там такое раздолье, такой нескончаемый праздник, / Такие возможности наверстать упущенное / (И притом совершенно безнаказанно!), / О которых лишь мечтают в райских кущах. / Смерть беспристрастна, неподкупна и открыта / Для всех без исключения — от мошки до царедворца. / Там нет ни соперника, ни фаворита, / И работает принцип: стучите да отворится».

Этот предфинальный дифирамб подготовлен, кажется, самым, саркастическим из возможных определением процесса Истории: она — «осознанная необходимость / Двигаться вопреки Божьей воле». Другими словами, инволюция предстаёт уже не как возвращение от логоса к дословесной Природе в пику антропогенезу, а как путь «во тьму над бездной» (Быт.1:2), и даже в ту непостижимую мистическую тьму, что предшествовала Божественному *fiat!* «Осознанная необходимость», постулат марксистского диалектического материализма, помянута не зря. Ибо жизнь современного человека в Истории — это «движение по минному полю без миноискателя», хуже того, это такой маршрут, когда в роли миноискателя выступает Марксов «Капитал» и Дарвиново «Происхождение видов» вместо Книги книг. «Власть тьмы» (Лк., 22:58) — последнее, что предрекает, снимая маску, автор «трактатов» господствующему современному сознанию, если оно не совершит метанойю — духовную «перемену ума».

От первого трактата, славящего Божественный замысел о человеке и его достоинстве, через второй—предостерегающий от расчеловечивания и растворения в низшей Натуре, к третьему—в союзе с Творцом (безумные, «мы давно бы достигли цели, когда бы Творец не стоял на пути») становящемуся поперек гибельного хода Истории. Таково растянувшееся на годы углубленное философское странствие, проделанное поэтом без привлечения собственно философического арсенала, по наитию Евтерпы и Каллиопы—лирической и эпической муз.

2.

Поэмы, составляющие вторую часть книги «Об ангелах и людях», написаны в совершено разных регистрах, и их разброс, не подчиняющийся прямолинейной логике, тренирует читательское восприятие вызовами к резким переключениям. Сделаю упростительную попытку тематически их охарактеризовать.

Конечно, атмосфера «Трактатов» здесь не вполне развеялась. Поэма «Статус отсутствия»—это своеобразный некролог, в котором кончина близкого знакомца становится поводом не только для выражения печальной нежности к умершему и закрепления его образа в памяти, но и для аналитического разъятия его сознания как, увы, ментальности все того же «современного человека». Проделав «путь своих предков» (исход через пустыню) «за несколько часов лёту», он, словно бы из-за такого, подаренного цивилизацией, аномального ускорения, подверг сбою нечто из унаследованной от этих предков генетической памяти. Так, их «вечная борьба Иакова с Кем-то», благое противление, угодное Тому, Кто сам-то «не сахар», обратилось у покойного в упрямый «сопромат» скептического разлива. Однако и этакая непокорность по-своему героична. Ибо даже «жалкий иврит», на коем он, не вполне добровольный переселенец, призывал к ответу Всевышнего,—сам по себе свидетельство того, что по взывающему к небесам «История прошла, как колея по приватной зоне», и не оставила жизненных ресурсов для изощренной гебраистической книжности. (Образ Истории как вездехода, продавливающего своими траками пространство души, обладает обобщающей классической силой.)

Заодно узнаём, что покойный — уроженец города на Черном море, «где даже чайки говорили с тобой на родном языке», города, в прошлом «полного жизни и надежд», — то есть он одессит, земляк автора этого надгробного слова. И выходит, что «статус отсутствия» — не только значок на скайпе, говорящий о невозможности земного контакта с абонентом, но и знак выбытия эмигранта из прежнего землячества и даже знак отсутствия самого Города в его прежнем статусе и тонусе. Так общая для всех, включая героя некролога, тема «смертности» из «Трактата об исходе» сопрягается с напоминанием о катастрофическом ДТП на путях нынешней истории, пронзительно отраженном в двух других поэмах-реквиемах (о чем ниже).

А «Разговор по душам» — поэма эта, собственно говоря, послесловие к квазибиблейским трактатам. «В Тебя вообще здесь мало кто верит», — с грустью сообщает собеседница Господу, мысленно вслушиваясь в молитвенное последование Шабата — иудейской субботы — и одновременно следя взором за тем, что видится ей из окна троллейбуса, держащего путь в замирье (уже ставший архетипическим для новой русской поэзии гумилёвский мотив «заблудившегося трамвая», здесь преображенный надеждой на встречу с отшедшими родными). Героиня разговаривает с Всевышним, как с френдом из фейсбука, каверзно подтрунивая и даже позволяя себе сочувствие к предполагаемой усталости Творца от тварного мира. Нечего и говорить, что такая «фамильярность» — юмористически-целомудренное выражение веры в то, что всеведущий Б-г памятует о каждой человеческой душе и открыт для контакта с нею, как некий сверх-интернет: «главное — подключиться».

«Амикошонство» это не мешает благоговению, с каким, к примеру, толкуется центральный для мистики авраамического монотеизма вопрос об Имени Божием, имени Того, Кто не вместим ни в какие именования. «Ты велел не называть Тебя по имени / и расщепил его для общего пользования / на много невзрывоопасных псевдонимов...» Русские создатели «философии имени», увенчанной богословскими экскурсами на означенную тему, — о. Сергий Булгаков, о. Павел Флоренский, Алексей Лосев — благожелательно улыбнулись бы в ответ на эти, так удачно схватывающие суть Божеской атрибутики, *невзрывоопасные псевдонимы* — словесные иконы Неименуемого, источающие вместимый человеческим восприятием огонь и свет. И слова героини монолога: «Пойду за Тобой...» звучат как действенный результат состоявшегося «подключения», ощупью налаживаемого в «трактатах».

Сродни другой грани «трактатов», подъятых к небу, но отмеченных гротескной шутейностью — поэмы-юморески: упомянутая «Собакиада» и улыбчивый «Квартал» с сурово-инфернальным одесским дворником, сметающим в мусорную кучу то ли обрывки печатных листов с физиономиями вождей, то ли назойливые толпы самих этих исторических вип-персонажей. Таковы же «литературные мечтания» в поэме «Он прискакал», где над страницами пушкинского «Онегина» рождается малоутешительная, но веселящая своей неотвратимой меткостью всеобщая схема житейской стези, переведенная на язык филологических штудий: «Жизнь начинается в авантюрном жанре. / Затем — к середине — уже в готическом. / К концу — в ненавистном тебе реализме, / Когда посмотришь правде в глаза».

Между тем в «послетрактатном» собрании опусов погоду все-таки делает совсем другая поэтика с другим отношением к реальному миру. О таком способе видеть и творить автор вскользь обмолвился в «выводах» из первого своего трактата: «Ясно, что фантазия — между бодрствованием и сном. / Это эликсир нашей жизненной фабулы». Не о том же ли сказано раньше другим поэтом: «Вечные сны, как образчики крови, переливай из стакана в стакан» (Осип Мадельштам)?

Это поэтика (и Мандельштам за нее в какой-то мере отвечает), не рассчитанная на логическое усвоение читателем деталей (которые в сновидении всегда спутаны и пунктирны), но возбуждающая суггестивное понимание целого; нередко такое поэтическое письмо получает у авторского «я» условную мотивировку: насморк, аллергия, мигрень, бессонница.

Поэмы «Тень города», «Реквием по снегу» и предшествовавшие им (как и одесской катастрофе) «Стихи о волке» неумышленно адресуют читателя к зачину «Божественной комедии» Данте: «Земную жизнь пройдя до половины, / Я очутился в сумрачном лесу». Если в ранних «Стихах о волке» эта чаща вокруг героини и ее уединенного дома еще полнится ожиданием таинственных вестей — к добру или к худу, то опыт последующих лет не оставляет добрых надежд узникам ночных дебрей, дремлющих на «болотных перинах»: «Население спит с открытыми веками на случай обыска или проверки». Впрочем, тоскливый ужас нагнетается не этими отсылками к политическому насилию, а торжеством дикого лесного воинства, хозяйничающего в постцивилизационной пуще. «Лес полон тайн непролазных, косматых, / Жижу его распирают бактерии, / Пучат тяжелое брюхо болот / Дети вечного движения и распада» («Тень города»).

Непродышливое пространство, где копошится до-мысленная, инстинктивная жизнь, некий возврат к «до-осевому», по К. Ясперсу, не соприкоснувшемуся еще с логосом бытию — вот каково метафизическое обличье сил, обложивших Город у моря. Нет еще ни имен, ни знамен вражеской рати, ни истошных звуков набега. Но рушится сам принцип цивилизации как обустройства земной поверхности на разумных началах: «Лес — на подступах к городским улицам, / Стиснуто горло домов и площадей, / Кляпами заткнуты колокольни. / Мычат купола в подушку облаков. / Лежат небоскребы с поломанными хребтами, / По ним разгуливают стада свиней...» И, как инсталляция реальности посреди этой нахлынувшей из засады фантасмагории, — «черный дом из пепла / Высится, словно зловещий обелиск. / Всякий раз, как отключают день, / В нем резвится черное пламя, / Мнет бумажные фигурки узников, / И они изгибаются, корежатся, трещат». Печально знаменитый одесский Дом Профсоюзов...

Очутившись душой в этом анклаве внечеловечности, повествовательница скорбит о беспомощности бесхвостого двуногого существа, не умеющего за себя постоять. Она не винит, не проклинает (этому будет свое место!), только твердит: зачем? Как у Генриха Бёлля на руинах Второй Мировой героиня «Бильярда в половине десятого» всё повторяла: *wozuwozuwozu*, — тот же посттравматический синдром свидетелей не укладывающегося в уме кровопускания.

Поэма «Реквием по снегу» — еще более туманное, обволакивающее сновидение, когда памятное, словно под снежной завесой, теряет абрис предметности и целиком претворяется в чувствование. «Дно кровати — травы и мох. / Пружины корней уходят в подземелья / Снов, застающих всегда врасплох / Сознанье, потерявшее бдительность в теле».

Это снежное сновидение — самое мрачное из цикла реквиемов по невинно убиенным в родном городе 2 мая 2014 года. Здесь совершаются похороны будущего, которого нет и не может быть, раз преступно пролитая кровь не искуплена. Похоронный марш 8-й главки поэмы, написанный железным трехдольником, собранным в двустишия с бьющими наотмашь мужскими рифмами, не только не приближает своей музыкой к катарсису, но простирает беду «Города-гулага» в обе стороны временной шкалы. И двойное упоминание «детей в матросках», лишенных будущего, заставляет, по крайней мере — меня, вспомнить еще об одной невинной жертве — цесаревиче Алексее, зверски убитом сто лет назад в Екатеринбурге, а вслед за ним — о гекатомбах бездыханных детских тел в двадцатом веке.

Катарсис наступает тогда, когда для читателя прозвучит финальный в книге реквием «Свеча», созданный не в сновидческом «надгробном рыдании», а в предельном трезвении и собранности душевных сил, претворяющих скорбь поэта в гражданское действие. «Заклятье», оно же проклятье (5-я главка-песнь «Свечи»), освобождает от бессильного ужаса первых четырех, где заново проживаются в стихе крестные муки жертв, и дает выход праведному гневу, публично оглашаемому urbi et orbi.

> *И чтоб каждый, кто был в тот час там с факелом*
> *В руках ли, в сердце, кто держал на прицеле*
> *Агонию тел, что ад выталкивал*
> *В амбразуру окна, — чтоб под ним горели*
> *Волны Чёрного моря, чтоб не смел он*
> *В них погружаться, а его дети и внуки,*
> *Войдя в те воды, становились пеплом*
> *По щиколотки, по пояс, по плечи, по руки.*

И только из этого призыва к возмездию как восстановлению справедливости рождается надежда:

> *И посланьем будет к потомкам*
> *В небесах золотая волна,*
> *И зажжет ее новый Потёмкин,*
> *И на тех — самовластья — обломках*
> *Впишет Город жертв имена.*

Листки со «Свечой» тайно расклеивались близ места трагедии, словно листовки-прокламации против оккупантов. Торопливые читатели настенного резистанса при этом могли и не отметить анонимное появление пушкинского «Каменного гостя» в образе статуи основателя Одессы — герцога Ришелье и, главное, — заключительную цитату из раннего (1820 г.) послания Пушкина Чаадаеву с его «звездой пленительного счастья» как знаком рассвета над Городом у моря. Между тем и в самой «Свече», и в композиции книги эта апелляция к «солнцу нашей поэзии» полна значения. О чем — ниже.

3.

В раздел поэм включено пространное, не лишенное загадочности произведение, разговор о котором завершит мои наблюдения над книгой. А именно: «Милая Ольга Юрьевна».

Решусь назвать его «четвертым трактатом» Веры Зубаревой. Оно написано (верлибром трех- или четырех ударной каденции) с тем же вольным вторжением в области философические, что и три «трактата» о мироустройстве и путях человечества. Но на сей раз его необъявленный предмет — природа творчества. И если те, «узаконенные» автором, «трактаты» вдохновлялись книгами Библии, то здесь поэт вступает, так сказать, в «зону Пушкина».

Героиня этой композиции — интимно знакомое рассказчице фантастическое существо, притом зримое во всех подробностях своего облика — от морщинистого личика и припудренной книжною пылью шеи до мушиных крылышек и вороха нижних юбок, оказывающихся просто-напросто книжными страницами. Назовем это существо вслед за автором «книжной феей» и примем к сведению, как некое откровение, невесть откуда полученное, ее заурядно-благозвучное имя-отчество (подходящее библиотекарше, «училке», чиновнице из ЖЭКа), при том что, мельком называя свою Юрьевну «д(Д)олгорукой», автор намекает и на возможность ее древле-княжеского звания — такова уж мерцающая двойственность статуса О. Ю. Так вот, существо это, с коим ведется досадливый диалог, готово непрошено вмешиваться в литературные дела и в самый процесс сочинительства, там и сям сбивая с толку нашего поэта.

Так все-таки, кто же она по сути своих функций, эта О. Ю.? Отвечу наугад: она — олицетворения того свойства творческой продукции, которое Н. А. Бердяев в своей знаменитой книге «Смысл творчества» назвал прискорбным словом *объективация*. Плод творческого акта, будучи по завершении неизбежно отторгнут от своего создателя, как бы остывает и лишь в остаточной доле сохраняет пламень творящего порыва. Тут-то О. Ю. и заводится будто мотыль среди набитых книгами полок и меж пересохших бумажных страниц, спрессованных в омертвелые ПСС; она — фея книги-*объекта*, между тем как творческим процессом полнится и трепещет авторская *тетрадь*, противопоставленная нылым рядам книжных корешков. В эту тетрадь, заполняемую на наших глазах новорожденным текстом, злая проказница капает «чем-то жирным», ей, как видно, не по нраву буквы и слова, возникающие из недоступного ей источника и еще не плененные переплетом.

Ну а причем здесь Пушкин? Как же без него, если локус этой литературной грёзы между сном и явью — Лукоморье с его символом рвущейся наружу художественной фантазии, зеленеющим дубом, сказочным «заповедям» которого старается следовать наш поэт. Дубовые полки стеллажей, где хозяйничает О. Ю., противоположны пушкинскому дубу, близ которого толпятся чудеса, так же, как тетрадка под рукой поэта — грузу многотомников. Впрочем, неблаговидные проделки книжной феи посягают не только на мир пушкинского Лукоморья. Эта злюка «семнадцатого января по старому стилю» стала капать опять-таки «чем-то жирным» на драгоценную рукопись, портя праздник имениннику — Антону Павловичу Чехову, крещенному как раз в этот январский день 17/29-го во имя Антония Великого и всегда помнившему о дне своего Ангела. Чему она тут старалась помешать — не сочинению ли гениального «В овраге» («А он кашлял, кашлял <...> потел и вздрагивал — и снова падал / В овраг»)?.. Должно быть, до того тягостен ей вид текущей, не опредмеченной еще работы, что и судьбы гениев нипочем. Да и вкусы у нее несколько подрывные: ей по душе авангард, деконструктивизм и алюминиевые сооружения из снов Веры Павловны.

Отчего же Ольга Юрьевна — всё-таки «милая»? Оттого, надо думать, что от жизни «в мире книг», уже написанных, в чьих скопищах О. Ю.

пасется, литератору, будь тот поэтом, сновидцем, каким угодно вольным охотником за несказанным словом, — никуда не деться. Недаром поэма пронизана историко-литературными аллюзиями, олитературена насквозь. «Вся поэзия живет в котельных» (внятный намек на столь недавнее бытие творческого андеграунда); а когда «котельную опечатают», тогда, дескать, приходит время нашей феи. Но «опечатают» здесь следуют читать не как «закроют», а скорее — по сходству со словом «отпечатают». Превращение рукописи, тем более подпольной, в книгу — не только драма (перерезанной пуповины), но и торжество. Куда без артефактов? Куда без вершащихся во времени их причудливых судеб?

В поэме усмешливо помянуты и роман Чернышевского, и роман Пастернака (доктор Живаго и доктор Айболит прикованы к «златой цепи» Дуба как наказанные по «делу врачей»), и роман Михаила Булгакова: пробуждающий в финале рассказчицу ото сна рассвет «с кровавым подбоем». (Созерцание дубовых полок с книгами могло бы навеять еще и литературно-биографическую аллюзию: как умирающий Пушкин обводил их взором, на прощание называя их своими «друзьями», этот эпизод так и просится в «трактат» с «пушкинской зоной».)

...Видно, не зря толкает пишущего под руку «милая» О.Ю., этот «аллерген», раздражитель, торопящий перо к завершению, к конечной точке, и мешающий забыться в непроявленности творческой мечты.

Вера Зубарева — не из тех поэтов (среди них есть и величайшие, и малые), кто любит выбирать темой для стихов самый ход их создания, когда «душа стесняется лирическим волненьем. Минута — и стихи свободно потекут». Приключение с фантомной Ольгой Юрьевной, норовящей вмешаться в рождение рукописи, — одна из немногих позиций, в которой удается увидеть фигуру автора, склоненного над заветной тетрадью, над белым листом, испещренным черной вязью букв (эта неразлучная тетрадь упоминается еще в нескольких вещах).

Оригинальные по новоизобретенным или обновленным жанрам, по строю стиха, по высказанным и недовысказанным мыслям, композиции нашего автора возникают в некоторой потаенности. Парадоксальным манером в них фейерверки интеллектуального остроумия непротиворечиво сочетаются с образностью, навеянной бликующими сигналами из подсознания. Смысловое поле их дерзко современно и вместе с тем располагается в большом культурном времени. А духовный настрой — благодарная и взыскующая обращенность к Творцу — неизменно высок.

Вера Зубарева, при всей широте исследовательских занятий филологией, — прежде всего поэт-стихотворец, автор значительных и ярких поэтических книг. И в той из них, о которой шла сейчас речь, все нетривиальные черты ее дарования, мне кажется, проявились с особой полнотой.

Содержание

I. ТРАКТАТЫ

О трактатах (От автора) . . . 4

Трактат об ангелах . . . 5

Трактат об обезьяне . . . 22

Трактат об исходе . . . 35

II. ПОЭМЫ

Разговор по душам . . . 47

Статус отсутствия . . . 53

Квартал . . . 57

Собакиада . . . 63

Он прискакал . . . 69

Милая Ольга Юрьевна . . . 75

Стихи о волке . . . 85

Тень города,
или Поэма о нашем времени . . . 89

Реквием по снегу . . . 95

Свеча . . . 99

«Пойду за Тобой, хоть Ты и не сахар»
(Послесловие Ирины Роднянской) . . . 104

Вера Зубарева   ОБ АНГЕЛАХ И ЛЮДЯХ

Дизайн и вёрстка: Дмитрий Макаровский
Автор обложки: Александр Прокофьев
Иллюстрации: Эрнст Неизвестный

Печать цифровая. Тираж 200 экз.

www.ingramcontent.com/pod-product-compliance
Lightning Source LLC
Chambersburg PA
CBHW071535100726
47908CB00004B/1400